LA

BONNE AVENTURE

PAR

EUGÈNE SUE.

3

PARIS.
MICHEL LÉVY FRÈRES, LIBRAIRES-ÉDITEURS
RUE VIVIENNE, 2 bis.
—
1851

LA
BONNE AVENTURE.

En vente chez les mêmes Editeurs.

OEUVRES
DE LOUIS REYBAUD.

JÉROME PATUROT
A LA RECHERCHE
DE LA MEILLEURE DES RÉPUBLIQUES,
4 volumes in-8º. — Prix : 20 francs.

ÉDOUARD MONGERON,
5 volumes in-8º. — Prix : 25 francs.

LE COQ DU CLOCHER,
2 volumes in-8º. — Prix : 10 francs.

CÉSAR FALEMPIN,
2 volumes in-8. — Prix : 10 francs.

PIERRE MOUTON,
2 volumes in-8º. — Prix : 10 francs.

LE DERNIER DES COMMIS-VOYAGEURS,
2 volumes in-8º. — (Epuisé.)

MARIE BRONTIN,
2 volumes in-8º. — Prix : 12 francs.

Paris.—Typ. de Mme Ve Dondey-Dupré, rue Saint-Louis, 46, au Marais.

LA
BONNE AVENTURE

PAR

EUGÈNE SUE.

3

PARIS,
MICHEL LEVY FRERES, LIBRAIRES-ÉDITEURS
RUE VIVIENNE, 2 *bis*.
—
1851

I

I

La porte du salon du docteur s'ouvrit, et un vieux domestique qui avait fait partie de la maison de l'ex-marquise de Blainville annonça :

— Monsieur et madame Fauveau !

Joseph portait l'habit noir et la cravate blanche de rigueur, et tenait galamment sur son bras le châle de sa femme soigneusement plié. Maria était si charmante, avec sa simple robe de soie gorge de pigeon et son frais petit bonnet de dentelle orné d'un nœud de rubans et de quelques boutons de rose mousseuse, que madame Bonaquet ne put s'empêcher de dire tout bas à son mari, au moment où il allait au devant de ses amis :

— Mon Dieu que cette jeune femme est donc jolie !

— Combien vous êtes aimable, ma chère madame Fauveau, d'avoir, ainsi que Joseph, accepté notre invitation, — dit Jérôme à la gentille parfumeuse en la conduisant auprès d'Héloïse.

Celle-ci, s'avançant avec empressement vers Maria, lui dit avec la plus gracieuse affabilité :

— Je suis heureuse, Madame, d'avoir l'honneur de vous recevoir ici ; je sais que vous et M. Fauveau êtes les meilleurs amis de M. Bonaquet ; puis-je espérer que vous m'accorderez un peu de cette bonne amitié que vous avez pour mon mari et à laquelle il est si sensible ?

— Madame... — répondit Joseph en saluant de son mieux, — Madame... certainement...

— Tenez, Madame, reprit vivement Maria, — je n'irai pas, moi, par quatre chemins, je vous dirai tout de suite : vous avez l'air d'une si aimable personne, votre figure me revient tant, qu'il me sera très facile et très agréable d'être amie avec vous... comme nous le sommes avec M. Bonaquet.

— Et moi, Madame, — répondit Héloïse touchée de l'accent sympathique et sincère de la jeune femme, — je vous dirai non moins franchement que vous me plaisez aussi beaucoup et qu'il faut me promettre que nous nous verrons souvent.

— Oh! mon Dieu! tous les dimanches si vous voulez, madame, car les autres jours les gens de boutique comme nous sont à leur comptoir. Aujourd'hui, par exemple, c'est un *extra*, j'ai prié maman de venir à ma place tenir le magasin pendant la soirée et garder ma petite fille. Mais à propos de ma petite fille, madame, — ajouta Maria en regardant M. Bonaquet avec un ineffable sourire, — je vous l'amènerai ; vous verrez comme elle est gentille ; ça vous fera comprendre mieux que des paroles tout ce que nous devons à votre mari et combien nous avons sujet de l'aimer, lui, le sauveur de notre chère enfant !

— Oh ! oh ! moi ?... — reprit gaîment le docteur, — moi... et vous aussi, ma chère madame Fauveau. Vos soins de tous les instants ont fait autant que les miens.

— Je crois bien. Figurez-vous, madame, que pendant plus d'un mois, jour et nuit, Maria n'a pas quitté cette pauvre petite, — dit Joseph avec un gros soupir. — Oui, madame, pendant plus d'un mois elle n'a pas quitté notre petite fille.

— Mon Dieu! mon Dieu! — reprit Maria en haussant les épaules et faisant une ravissante petite moue, — que c'est donc impatientant, n'est-ce pas, madame, d'entendre les gens être toujours à s'extasier de ce qu'il fait soleil en plein midi?

— Que voulez-vous, madame, — reprit Héloïse en souriant, — rien n'est sans doute moins extraordinaire qu'un beau jour de printemps bien pur, bien doux. Cela doit-il empêcher de dire que rien n'est plus charmant?

— Bravo! — reprit Joseph en se frottant les mains et tout enchanté du compliment qu'on adressait à sa femme. — Ah! ah! vois-tu, petite Maria, que j'ai le droit de te répéter tant que ça me plaît que je te trouve bonne et charmante.

— Je le crois bien, mon bon Joseph, que tu en as le droit, — reprit gaîment le docteur Bonaquet, — la loi le dit : *la femme doit obéissance à son mari*. Or donc, ta femme est forcée de se laisser adorer du matin au soir et de s'entendre dire qu'elle est adorable. Ah! mais oui, madame Fauveau... c'est ainsi! il n'y a pas à plaisanter avec la loi, au moins.

— Ta, ta, ta! monsieur Bonaquet, — reprit Maria d'un petit ton mutin rempli de finesse; — mêlez-vous de ce qui vous regarde, sinon je vous dirai, moi, que si vous étiez forcé d'écouter les actions de grâce de tous ceux à qui vous avez rendu la vie, vous n'auriez pas le temps de la rendre à d'autres.

— Attrape ! Jérôme, — dit Joseph tout fier de la répartie de sa femme. — Va donc t'y faire mordre maintenant.

— Après tout, mon ami, — dit Héloïse en souriant et de plus en plus charmée de la gentillesse de Maria, — vous n'avez que ce que vous méritez !

— Ah ! mon Dieu ! Joseph, — s'écria tout-à coup madame Fauveau qui venait seulement de remarquer les portraits de famille dont le salon était orné. — Vois donc, Joseph, —

ajouta-t-elle en s'approchant pour les regarder, — les beaux tableaux !

Puis, se tournant vers Héloïse, elle reprit ingénûment :

— C'est des rois et des reines de l'ancien temps ! n'est-ce pas, madame ? Faut avouer, par exemple, qu'ils ont l'air de braves gens ; ça se reconnaît à leur mine. Cette reine-là surtout, avec son beau manteau bleu tout brodé d'or ; regarde donc, Joseph, quelle figure douce et avenante ? Je parierais qu'elle était aimée de ses sujets, celle-là. Mon Dieu, mon Dieu ! est-on sotte et malheureuse d'être ignorante comme une carpe et de ne savoir rien de rien, — ajouta Maria avec un naïf accent de regret. — Mais vous qui savez tout, monsieur Bonaquet, vous devez savoir son nom à cette belle et bonne reine-là? Dites-nous le donc, car mon pauvre Joseph n'est pas plus fort que moi en histoire.

Il s'agissait, on le devine, du portrait qui représentait une femme en grand costume de la cour impériale, la mère d'Héloïse ; celle-ci, touchée de la sympathie que les traits de sa mère inspiraient à Maria, lui répondit avec un sourire ému :

— Vous ne sauriez croire, madame, quel plaisir vous me faites en me disant que la figure de cette personne vous agrée ; vous la jugez, d'ailleurs, à merveille : sa douceur, sa bonté, la faisaient chérir de tous, et chaque jour, en contemplant son image bien-aimée, je me rappelle sa tendresse et ses vertus.

— Comment, madame, — dit Maria stupéfaite, — vous la connaissiez ?

— C'était ma mère.

— Votre mère, madame ! — s'écria Maria de plus en plus abasourdie et ne pouvant croire à ce qu'elle entendait. — Ah ! mon Dieu ! votre mère, cette belle reine ?

— Ma femme n'a pas eu de si royales destinées, ma chère madame Fauveau, — reprit Bonaquet en souriant. — Ce brillant costume vous trompe ; les originaux de ces portraits n'étaient ni des rois ni des reines, c'étaient des...

— Des acteurs, n'est-ce pas ? — dit vivement Maria, enchantée de sa pénétration, exprimée d'ailleurs avec un accent de respectueuse déférence, car un comédien lui semblait un personnage. — Ainsi, — reprit-elle d'un ton d'admiration naïve en ouvrant ses jolis yeux de toutes ses forces pour regarder les tableaux, — c'est ça, c'étaient des acteurs dans leurs plus beaux costumes de théâtre ? Oui, oui, voilà là-haut une autre dame déguisée en marquise avec sa robe à paniers.

— *Sancta simplicitas!* — murmura Bonaquet, en regardant sa femme.

Celle-ci, malgré l'émotion que lui avait causé le souvenir de sa mère, ne put s'empêcher de sourire de la méprise ingénue de la jeune femme, tandis que Jérôme reprenait gaîment :

— Autre erreur, ma chère madame Fauveau. Erreur très-concevable, du reste ; car les personnages que vous voyez-là étaient quelquefois, à regret, obligés de paraître ainsi affublés sur un théâtre où l'on joue d'assez pauvres comédies. Ce théâtre s'appelle la cour.

— Et là souvent on accepte un rôle qui contrarie la modestie et la simplicité de nos goûts, — ajouta Héloïse. — Ma mère était du nombre de ces personnes qui se plaisent peu à la cour.

— La cour ?... un rôle ?... — répéta Maria en faisant de vains efforts pour comprendre.

Puis, se tournant vers son mari :

— Et toi, Joseph, y es-tu ?

— Ma foi non ! — répondit Fauveau avec bonhomie, et s'adressant à Héloïse :

— Il faut nous excuser, madame ; nous ne sortons guère, voyez-vous, de notre boutique ; nous ignorons bien des choses, et notre ami Jérôme, qui voit tant de monde est un gros monsieur auprès de nous.

— En deux mots, mon bon Joseph, — reprit le docteur. — voici cette énigme : ma femme appartient à une noble et ancienne famille qui a occupé de grandes charges dans l'État. Ces portraits sont ceux de ses parents les plus proches, de même que tu vois aussi là les portraits de mon digne père et de ma chère mère.

— Cette bonne vieille en bonnet rond, n'est-ce pas, monsieur Bonaquet? — reprit Maria en examinant le tableau avec attention. Puis elle reprit : — Eh bien, moi qui ne me connais pas en peinture, je gagerais pourtant qu'elle avait un cœur d'or, votre chère mère. Vois donc, Joseph, quel air doux et bon.

— Oh! c'est vrai; il semble qu'on l'aimerait rien qu'à la voir.

— C'est tout de même drôle, — reprit Maria d'un air pensif en contemplant tour-à-tour les portraits aristocratiques et les portraits plébéiens ; — là, une grande dame en manteau de cour... ici, une bonne femme en bonnet rond.

Et ensuite d'un moment de silence, la jeune femme ajouta, comme si elle eût répondu à une secrète pensée :

— Après tout, pourquoi donc pas?

— Voyons, ma chère madame Fauveau, — dit gaîment le médecin, — Soyez franche comme toujours... dites-nous... toute votre pensée.

— Oh! n'aie pas peur, — reprit le bon Joseph qui attendait les paroles de sa femme pour savoir s'il devait ou non se montrer surpris de ce que Bonaquet avait épousé une grande dame, — n'aie pas peur, va, Jérôme;

quand Maria ne dira pas ce qu'elle pense...
c'est qu'elle sera muette.

— Mon Dieu, c'est tout simple, ce que je pense, — reprit madame Fauveau. — D'abord je me suis dit : Tiens, tiens, tiens ! M. Bonaquet, notre ami, à nous petits boutiquiers, qui épouse une belle dame noble, dont les parents étaient de la cour, c'est drôle ! Et puis, en réfléchissant, j'ai ajouté : Ah çà ! mais, voyons donc un peu ! Pourquoi donc ce mariage m'étonnerait-il ? Ils s'aimaient, ils se convenaient, ils se sont mariés, voilà tout. Est-ce que si j'avais été la fille d'un gros banquier, ça m'aurait empêché d'épouser Joseph, parce qu'il n'aurait été que petit détaillant ? Est-ce que de son côté, si Joseph avait été gros banquier, il ne m'aurait pas épousée quoique fille de petits commerçants?

— Moi! — s'écria Joseph, je me serais fait couper en morceaux plutôt que de renoncer à toi, petite Maria.

— Pardi! je le crois bien, monsieur Joseph, — répondit la jeune femme en riant, et avec une gentille mine de coquetterie. — C'est donc pour vous dire, monsieur Bonaquet, qu'à mon avis, du petit au grand, quand de braves gens s'aiment et se plaisent, il est tout simple qu'ils se marient; richesse et noblesse n'y font ni chaud ni froid, car après tout, — ajouta Maria en riant de ce petit air mutin qui la rendait si séduisante, — ce n'est pas avec de la noblesse que l'on s'adore, ni avec des écus que l'on s'embrasse ; mais par exemple, il faut dire une chose, — reprit Maria en redevenant sérieuse, presque émue, en s'adressant à Héloïse, — pour une grande dame, vous n'êtes pas fière du tout, madame, ce qui montre que vous avez bon cœur. Et je me sens aussi à l'aise avec vous, que tout-à-l'heure, quand j'ignorais votre rang. Ah ! pour ça non, vous n'êtes pas fière !

— Vous vous trompez, madame, — reprit Héloïse en tendant la main à la jeune femme avec une cordialité croissante, — je suis fière, très-fière, d'avoir pressenti, d'après ce que mon mari me disait de vous, qu'il n'y avait rien de meilleur que votre cœur, rien de plus aimable que votre esprit et votre naturel.

— Vrai, madame? vous trouvez cela? — répondit Maria en serrant avec effusion la main que lui tendait madame Bonaquet. — Eh bien! tant mieux ; vos compliments devraient m'embarrasser, et au contraire, ils me rendent toute heureuse pour Joseph et pour moi. C'est peut-être orgueilleux de ma part; mais que voulez-vous, je ne peux pas m'empêcher de dire ce que je pense.

— *Sancta simplicitas!* — murmura de nouveau le docteur Bonaquet en regardant sa femme avec une douce émotion qu'elle partageait.

A ce moment, le vieux domestique ouvrit la porte du salon, et vint discrètement parler à l'oreille de madame Bonaquet; celle-ci dit alors à son mari :

— Mon ami, il est sept heures passées, M. Ducormier n'arrive pas; nous pouvons, je crois, agir sans façon avec lui, voulez-vous que l'on serve?

— Anatole aura sans doute été retenu par quelque affaire imprévue, — répondit Jérôme Bonaquet; — il ne peut tarder à arriver; mais l'on ne se gêne pas entre amis : ma foi! mettons-nous à table.

Héloïse fit un signe au vieux domestique qui sortit.

— C'est ça, à table, c'est le meilleur moyen de le faire arriver, ce traînard d'Anatole, — dit gaîment Fauveau.

— Et, comme nous avons l'habitude de

dîner toujours à cinq heures, — ajouta non moins gaîment Maria, — il se trouve, mon pauvre monsieur Bonaquet, que j'ai une faim de tigresse, et je vais tout-à-l'heure joliment me guérir de cette maladie-là, sans avoir besoin de vos ordonnances, car...

Mais, s'interrompant et s'adressant à son mari qui, sans avoir des usages très-raffinés, tâchait de lui faire comprendre par signes qu'il était inutile de parler de son appétit. Maria lui dit :

— Quoi donc, Joseph ? qu'est-ce que tu as ?

— Moi ? rien, mais rien du tout, ma petite Maria, — se hâta de dire Fauveau en rougissant jusqu'aux oreilles ; — je... je cherchais où placer ton châle.

En effet, le digne garçon avait jusqu'alors toujours tenu le châle plié sur son bras.

— Bon, j'y suis, je comprends ! — dit Maria en se mettant à rire comme une folle ; — tu me fais les gros yeux parce que je dis tout haut que j'ai bon appétit, n'est-ce pas ?

— Mais non, — reprit Joseph de plus en plus embarrassé ; — mais non, je t'assure.

— Au fait, peut-être ne doit-on pas dire en belle société que l'on a faim lorsqu'on a faim ? — reprit gaiement Maria en regardant Héloïse. — En ce cas, excusez-moi, madame.

— C'est, au contraire, à vous de nous excuser de vous faire dîner si tard, — répondit gaiement Héloïse,—et, au risque d'être aussi grondée par M. Fauveau, je vous avouerai tout haut, comme vous, que j'ai grand faim; mais heureusement nous sommes servis, — ajouta madame Bonaquet, en voyant le vieux domestique ouvrir les deux battants de la porte du salon qui conduisait à la salle à manger. — Monsieur Fauveau, donnez-moi votre bras, je vous prie.

— Ma foi, tant pis pour Anatole? — dit le médecin en prenant à son tour le joli bras de Maria ; — il nous trouvera à table ; ça lui apprendra à avoir des affaires imprévues.

Et les quatre convives, entrant dans la salle à manger, prirent place à une table modestememt servie et seulement remarquable par une excessive recherche de propreté.

L'entretien continua de la sorte entre nos quatre personnages :

— Du reste, — dit le docteur Bonaquet à sa femme, — il ne faut pas nous étonner beaucoup, ma chère Héloïse, de l'inexactitude d'Anatole ; un déménagement de garçon n'est sans doute pas grand'chose, mais ce pauvre ami se sera sans doute occupé de ce soin ; de là son retard.

— Tiens ! Anatole déménage ?—demanda Fauveau.

—Il est vrai, tu ne savais pas cela, mon bon Joseph, — reprit le docteur. — Anatole vient demeurer dans notre maison et se fixer auprès de nous.

— Ah bah! — fit Joseph. — Voyez-vous le sournois! Hier il a dîné avec nous et il ne nous en a pas soufflé mot, n'est-ce pas, Maria?

— Non, — répondit la jeune femme, — et ce n'est pas gentil de sa part.

— Je vais défendre M. Ducormier, — reprit Héloïse. — C'est qu'hier, il n'avait pas encore pris la résolution dont vous parle M. Bonaquet.

— Mais alors, — reprit Joseph, — comment s'arrangera-t-il avec son ambassadeur? Anatole ne retournera donc pas à Londres?

— Non, mon cher Joseph; il abandonne

ses fonctions de secrétaire, et je suis certain de lui trouver ici de l'occupation.

— Ma foi, tant mieux, reprit Fauveau, mis de plus en plus à l'aise par l'affabilité de ses hôtes ; — je dis tant mieux, pour deux raisons : d'abord parce que nous le verrons davantage, ce brave Anatole, et puis, selon moi...

— Eh bien, Joseph ?

— Eh bien, dans mon gros bon sens, je crois que pour des gens comme nous, la fréquentation du grand monde n'est pas saine ; il faut que cela soit vrai ; car enfin, Anatole, un cœur d'or, un garçon d'esprit s'il en est...
— Puis s'interrompant, Fauveau ajouta : — Voyons, Jérôme, entre nous, est-ce qu'Ana-

tole ne t'a pas paru un peu changé?

— Si... ce n'était plus là notre ami d'autrefois; mais grâce à Dieu, dans peu, mon bon Joseph, tu le reverras ce qu'il était jadis.

— Ce qu'il y a de certain, reprit gaîment Maria, — c'est que Joseph m'avait dit hier : Tu verras Anatole, comme il est bon enfant, comme il est timide ; c'est une vraie demoiselle; à telle enseigne que le croyant une demoiselle, je lui avais fait moi-même de la crème au chocolat... mon triomphe.

— Comment! — dit Bonaquet, — est-ce qu'Anatole aurait eu la scélératesse de n'en pas manger de cette fameuse crème au chocolat, madame Fauveau?

— Ah! par exemple! M. Anatole est trop poli pour m'avoir fait un pareil affront, monsieur Bonaquet; il a mangé de ma crême; il en a même mangé deux fois.

— Ce qui ne m'étonne pas du tout, — reprit le docteur; — car moi...

— Oh! vous, monsieur Bonaquet, — dit Maria en riant comme une folle, — chez nous, vous mangiez toujours vos trois petits pots.

— Et encore, — reprit le docteur en riant, — je m'arrêtais par discrétion.

— Eh bien donc, — reprit Maria, — j'ai trouvé M. Anatole très gai, très bon enfant, si vous voulez; mais pour être timide et une vraie demoiselle, c'est autre chose; aussi, en l'entendant parler de tous ces grands seigneurs, de toutes ces belles dames qu'il voyait, nous disait-il, tous les jours ; de ces fêtes, de ces bals superbes, qu'il nous dépeignait à nous éblouir, j'ai été d'abord comme honteuse du pauvre petit dîner que nous lui donnions dans notre arrière-boutique, et puis après, ma foi! je me suis dit: Dame! on est ce qu'on est, on donne ce qu'on a ; nous recevons M. Anatole de tout cœur, il doit être de tout cœur avec nous, puisque c'est un des meilleurs amis de Joseph, et mon embarras s'en est allé comme il était venu. D'ailleurs, M. Anatole a été très aimable, seulement, je l'ai trouvé un peu trop moqueur ; mais du reste, il parle si joliment, il sait tant d'histoires, que notre soirée a passé comme un éclair, et onze heures sonnaient que nous croyions qu'il était à peine huit heures, n'est-ce pas, Joseph?

— Certainement, et nous étions si éveillés, si émoustillés, que l'idée nous est venue d'aller intriguer Anatole au bal de l'Opéra, où tu nous a rencontrés.

— Qu'avez-vous donc, mon ami? — dit soudain Héloïse à son mari. —Vous semblez préoccupé?

— Voilà bientôt huit heures et Anatole ne vient pas, — reprit le médecin. — Malgré moi, ce retard m'inquiète. Mais bah! c'est folie que de m'inquiéter. N'ai-je pas sa parole? Allons, mon bon Joseph, un verre de ce vieux vin de Bordeaux (cadeau d'un de mes malades); à la prompte arrivée d'Anatole et à son heureux retour parmi nous!

— De tout mon cœur, Jérôme, car Anatole est au fond le meilleur garçon du monde. Mais c'est au physique qu'il est changé. Quand je pense que nous l'avons quitté portant des souliers lacés, une casquette de loutre et des habits à manches trop courtes, et voilà que je le retrouve mis comme un prince, beau à peindre, hardi comme un page, et vous parlant des ducs et des princes avec autant de *respect* que nous parlions au collége des *pions* et des *chiens de cour*. Aussi, ma foi, je ne pouvais résister au plaisir de l'écouter et même de le regarder, car je n'en revenais pas. Je me disais : Comment ! ce beau et charmant garçon, qui doit faire tourner la tête de toutes les femmes, c'est notre Anatole d'autrefois !

— C'est pourtant vrai, madame, — reprit Maria. — Figurez-vous que depuis hier, Joseph n'a cessé de me répéter: Mon Dieu, qu'Anatole a une jolie figure ! quelle jolie tournure ! Est-il mince, est-il mince, est-il bien mis, a-t-il l'air distingué ! Qu'est ce que je dois donc paraître auprès de lui ? Que je donnerais donc de choses pour lui ressembler !

— C'est que c'est la vérité, aussi, — reprit le bon Joseph. — N'est-ce pas, Jérôme, que nous autres nous ne sommes que *de la Saint-Jean* auprès de ce beau garçon-là ?

— N'est-ce pas, madame, que Joseph dit des bêtises ? — s'écria Maria en rougissant d'impatience. — Qu'est-ce que cela signifie, *qu'on n'est que de la Saint-Jean ?* qu'on paraît moins bien que celui-ci ou que celui-là ? Paraître ? Aux yeux de qui... paraître ? Aux yeux de votre femme, probablement, monsieur Joseph ? car il n'y a qu'elle que ça regarde, vu qu'elle ne regarde que vous ! Et si elle vous trouve bien, très bien comme vous êtes, c'est encore poli et gentil, de dire que vous n'êtes *que de la Saint-Jean.* Alors vous pensez donc que votre femme a mauvais goût ou qu'elle ne s'y connaît pas, puisqu'elle vous préfère à tous ?

Il y avait tant de sincérité dans la petite boutade de Maria, tant de justesse dans ses paroles, qu'Héloïse dit en souriant à Joseph:

— Je dois avouer, monsieur, que vous méritez ces reproches ; madame Fauveau a parfaitement raison ; nous autres femmes, nous sommes les seuls, les meilleurs juges des dehors qui nous plaisent.

—Allons, madame, j'ai tort,—dit Joseph; — mais, que voulez-vous? j'aime tant ce petit démon-là ! il me rend si heureux, si heureux ! que quelquefois je désirerais être tout ce qu'il y a de meilleur, de plus riche et de plus charmant au monde, afin d'être digne de tout le bonheur que je lui dois.

Ces derniers mots furent prononcés par Fauveau d'une manière si touchante; il regarda sa femme d'un air si tendre, si bon, que Maria tout émue et combattant l'envahissement d'une larme qui noya ses yeux, s'écria :

— Ah ! Joseph, ça n'est plus de jeu ! nous plaisantions ; je n'ai pas de défiance, et tu viens me dire des choses tendres qui vous font monter les larmes aux yeux. N'est-ce pas, madame, que ce n'est pas généreux à lui ?

Héloïse, qui s'intéressait de plus en plus à Maria dont la gentillesse, la droiture et la sincérité la charmaient, allait lui répondre, lorsque le vieux domestique entra et remit une lettre au docteur.

— L'écriture d'Anatole,— se dit Bonaquet avec une inquiétude involontaire. Puis s'adressant à sa femme :

— Voulez-vous, ma chère amie, que nous rentrions dans le salon?

Le dîner étant terminé, Héloïse se leva, prit le bras de Fauveau, tandis que le docteur offrit le sien à Maria, et les convives quittèrent la salle à manger.

II

II

Lorsque les convives furent entrés dans le salon, le docteur Bonaquet, impatient de connaître le contenu de la lettre d'Anatole Ducormier, dit à madame Fauveau et à Héloïse en leur montrant le billet qu'il tenait à la main :

— Mesdames, vous permettez ?

Et il lut ce qui suit :

« Mon cher Jérôme, mes projets sont chan-
« gés, ne compte plus sur moi ; je n'oublie-
« rai jamais la nouvelle preuve d'amitié que
« tu m'as donnée ce matin ; mais l'entraîne-
« ment de cette amitié nous a égarés tous les
« deux ; tu as cru qu'à mon âge, je pouvais
« refondre mon caractère, mes idées, mes
« habitudes ; cette illusion, un instant je l'ai
« partagée, dominé que j'étais par l'influen-
« ce de notre ancienne affection.

« Il est trop tard pour revenir sur le passé,
« le sort en est jeté, je suivrai le courant qui
« m'emporte.

« Quant à la *parole d'honnête homme* que
« je t'avais donnée, en te jurant de suivre tes

« avis, tu as trop de bon sens, trop d'esprit,
« pour attacher une importance exagérée à
« un serment irréfléchi, fait dans l'entraîne-
« ment de la conversation.

« Je te connais, mon cher Jérôme, ma
« lettre te chagrinera, t'irritera, te rendra
« sans doute momentanément injuste à mon
« égard; tu ne t'étonneras donc pas si je
« reste quelque temps sans t'aller voir. J'at-
« tendrai, pour renouer nos relations, que ta
« réflexion toujours si sage t'ait démontré
« que je n'avais d'autre parti à prendre que
« celui que je prends, et dont aucune puis-
« sance humaine ne pourrait désormais me
« faire changer.

« Adieu, mon ami, et à toi *quand même*.

« A. DUCORMIER. »

Le premier mouvement de Jérôme, à la lecture de cette lettre, fut de se cacher le visage entre ses mains et de se laisser tomber avec accablement dans un fauteuil en murmurant d'une voix étouffée :

— Ah! le malheureux! il est perdu!

— Mon ami, — lui dit vivement Héloïse, — qu'avez-vous?

— Jérôme, qu'y a-t-il? — demanda Joseph Fauveau.

— Héloïse, — reprit vivement le docteur avec abattement, — je vous avais raconté mon entretien de ce matin avec Anatole, mes craintes, puis mon espoir, presque certain; je vous avais dit enfin sa promesse d'honneur de venir demeurer avec nous, de renoncer à une vie qui doit le conduire à un abîme de maux.

— Eh bien ! — demanda Héloïse, — cette lettre...

— Anatole se parjure ! il se jette en aveugle dans le tourbillon qui le perdra !

— Ah ! mon ami, — reprit tristement Héloïse, — mes pressentiments ne me trompaient pas : cette conversion était trop subite pour être durable.

— Manquer ainsi à la parole d'honneur qu'il t'avait donnée,—dit sévèrement Joseph Fauveau,—c'est mal, il n'en faut pas davantage pour juger un homme ; notre Anatole d'autrefois n'aurait rien promis, ou il aurait tenu loyalement sa promesse.

— Alors, Joseph, — reprit Maria après avoir attentivement écouté, et dont les traits s'étaient peu à peu attristés, — il ne faut plus voir M. Anatole, ça lui sera certainement fort égal, mais nous agirons comme nous le devons pour nous et pour notre ami M. Bonaquet; son chagrin prouve qu'il a maintenant mauvaise opinion de M. Ducormier.

— Mon ami, — reprit Héloïse après quelques instants de réflexion, avant de renoncer à tout espoir, pourquoi ne pas essayer une dernière tentative auprès de M. Ducormier? L'influence de votre amitié est grande, peut-être pourriez-vous encore le ramemener.

— J'y songeais, — reprit Jérôme Bonaquet, — car ce n'est pas de la colère, mon Dieu! mais de la compassion, mais de l'effroi qu'il m'inspire. Non, non, j'en atteste les larmes qu'il versait ce matin, sa profonde émotion, son serment solennel et spontané ; non, non, tout sentiment généreux n'est pas éteint en lui ; il a sans doute fallu le concours de je ne sais quelles fatales circonstances pour l'amener à se rétracter si cruellement. Plus ceux que nous aimons sont en danger, plus ils nous méconnaissent, plus ils sont ingrats, plus nous devons redoubler envers eux de tendresse, de sollicitude. Aussi je ne perds pas courage. Et puis enfin, sauver Anatole, ce n'est pas seulement le sauver lui-même, c'est l'empêcher de faire peut-être, hélas! beaucoup de mal; son âme, ulcérée par les mépris du monde où il vivait, s'est aigrie jusqu'à la haine, jusqu'à la vengeance aveugle et méchante, car ces mots odieux lui ont échappé : *Patience, patience ! un jour le martyr deviendra bourreau.*

A ces mots, Maria ne put retenir un cri d'effroi, et cacha son visage dans ses mains.

Héloïse, s'approchant vivement de la jeune femme, qui depuis quelques instants avait paru attristée, lui dit :

— Mon Dieu ! qu'avez-vous donc, ma chère madame Fauveau ?

— Rien, madame, répondit la jeune femme en tressaillant et tâchant de contenir son émotion, — je n'ai rien...

— Mais si, Maria, tu as quelque chose, — reprit Joseph de plus en plus alarmé, — je connais bien ta figure... te voilà toute tremblante, absolument comme tu étais cette nuit, quand nous avons quitté le bal de l'Opéra... Il est vrai qu'en arrivant chez nous il n'y paraissait plus; tu avais repris ta bonne et joyeuse petite mine, si bien que je n'ai pas insisté pour savoir ce qui t'avait si brusquement attristée à la sortie du bal... Mais, pour sûr, voilà que ça recommence.... N'est-ce pas Jérôme, que depuis un instant elle est toute changée?

— Il est vrai, — répondit le médecin, oubliant un moment les préoccupations que lui causait Ducormier, et regardant Maria avec attention, — vous voilà pâle..... votre main frissonne. Au nom du ciel, qu'avez-vous ?

Après un moment de silence, la jeune femme parut faire un pénible effort sur elle-même et dit au docteur d'une voix altérée :

— Monsieur Bonaquet, que pensez-vous de la *bonne aventure* ?

— Expliquez-vous, ma chère madame Fauveau, — dit le médecin surpris de cette singulière question.

— Enfin, — reprit Maria, — croyez-vous que ce que les diseuses de bonne aventure vous prédisent puisse arriver ?

— Ah ! mon Dieu ! — s'écria Joseph, — est-ce que tu vas encore penser à cette stupide et atroce prédiction dont hier encore tu te moquais de tout cœur ?

— Hier je m'en moquais... oui, mon bon Joseph, — répondit tristement Maria, — mais depuis cette nuit... mais à cette heure... je n'ose plus m'en moquer.

— Et pourquoi ? — demanda Joseph.

— Je n'en sais rien, — répondit la jeune femme accablée. — C'est une chose que je ne m'explique pas... c'est cela qui m'effraie.

Héloïse et Jérôme s'étaient plusieurs fois regardés, ne comprenant rien aux paroles que Joseph et Maria échangeaient.

Le docteur Bonaquet reprit le premier :

— Si je ne me trompe, ma chère madame Fauveau, il s'agit d'une prédiction que l'on vous a faite ; elle vous inquiète et vous me demandez, sérieusement, car, en vérité, il faut que je vous gronde, et vous me demandez sérieusement si je crois aux sornettes des diseuses de bonne aventure ?

— N'est-ce pas, Jérôme, — dit vivement Joseph, — n'est-ce pas que c'est un tas de sottises sans rime ni raison ?

— Je peux d'autant mieux vous édifier à ce sujet, — reprit le docteur Bonaquet, — que j'ai eu, et que j'ai encore pour malade, une des plus célèbres diseuses de bonne aventure de Paris, femme fort singulière, d'ailleurs, et dont je crois vous avoir parlé, ma chère Héloïse, — ajouta-t-il en s'adressant à sa femme,

— En effet, mon ami, selon vous cette pauvre créature, au lieu de chercher comme tant d'autres à faire des dupes, elle est elle-même la première dupe de ce qu'elle appelle sa *seconde vue*.

— Si j'osais vous parler médecine, ma pauvre madame Fauveau, — reprit Jérôme, — Je vous expliquerais comment, depuis quelques années, j'étudie attentivement chez cette pauvre femme, d'ailleurs jeune, jolie et d'une intelligence remarquable, ce phénomène de prétendue divination qui succède presque toujours chez elle à des crises d'une maladie terrible et malheureusement incurable; car... tenez, cette nuit même... quand vous m'avez rencontré à l'Opéra, mes amis... on était allé me chercher en hâte pour une femme qui venait de tomber en attaque de catalepsie... et cette femme...

— C'était elle!... — s'écria Maria en tressaillant, — j'en étais sûre!

— Qui, elle? — demanda Jérôme.

— Monsieur Bonaquet, cette devineresse que vous connaissez, — reprit Maria d'une voix oppressée, — où demeure-t-elle?

— Rue Sainte-Avoye, — répondit Jérôme.

— Et... — reprit Maria, — elle se nomme madame Grosmanche?

— Justement, dit Jérôme, — c'est donc elle que vous avez consultée ?

— Oui, mon pauvre ami, — répondit Joseph. — Ah ! que l'enfer confonde cette sorcière de malheur ! ainsi que la sotte femme qui la première a donné à Maria l'idée de mettre les pieds dans cette caverne !

— Allons, Joseph, — reprit le médecin, en parlant ainsi, au lieu d'apaiser les craintes de ta femme, tu les augmenteras.

— Et vous, ma chère enfant, — ajouta Héloïse, en prenant affectueusement les mains de la jeune femme entre les siennes. — vous qui avez un si rare bon sens, comment pouvez-vous céder à ces folles appréhensions ? Et puis, enfin, voyons, — ajouta

Héloïse en souriant, afin de tâcher de rassurer Maria, — cette sorcière qui me paraît à peu près folle, que vous a-t-elle donc prédit de si terrible ?

— Elle m'a prédit… — répondit Maria en frissonnant, — elle m'a prédit que je mourrais sur l'échaffaud.

— Ah ! c'est affreux ! — s'écria Héloïse sans pouvoir dominer son premier mouvement ; puis elle ajouta : — Mais l'absurdité même de cette prédiction doit, je ne dirai pas même vous rassurer, mais vous faire hausser les épaules de pitié.

— Et moi je vous donne cette devineresse pour une folle accomplie, reprit le médecin, — elle n'a pas même conscience de ce qu'elle appelle ses prédictions. Ce sont les aberrations d'un cerveau délirant. Enfin... je...

— Tenez, monsieur Bonaquet, — reprit Maria en interrompant le docteur, — sans avoir la tête bien forte, j'avais jusqu'ici pris le parti de rire de cette prédiction ; mais vous allez voir s'il n'y a pas aussi de quoi avoir peur. Lorsque je suis allée consulter cette devineresse, j'ai attendu mon tour dans l'obscurité avec deux femmes que je ne connaissais pas plus qu'elles ne me connaissaient. Seule avec la devineresse, elle m'a dit, autant qu'il m'en souvient, qu'il y avait ou qu'il devait y avoir tôt ou tard quelque chose entre moi et ces deux femmes.

— Eh bien ! ces deux femmes, — dit le

docteur, — vous ne les avez jamais rencontrées ?

— Si, — dit Maria, — cette nuit.

— Comment, — reprit Jérôme très-étonné, — cette nuit ?

— Oui, — reprit Maria. Et s'adressant au médecin : — N'est-il pas venu une jeune personne vous chercher à l'Opéra ?

— En effet, mademoiselle Duval, — répondit Bonaquet. — Elle venait me prier d'aller voir sa mère.

— M. Anatole avait proposé à cette demoiselle de se charger de sa commission auprès de vous, et elle le remerciait de son offre, — lorsque j'ai vu un domino noir venir parler à l'oreille de M. Anatole, à côté de qui je me trouvais. Nous étions ainsi à ce moment trois femmes auprès de lui. Tout à coup, — ajouta Maria en frissonnant de nouveau, — une voix qui sortait de derrière une colonne a dit : *Vous voilà encore toutes trois réunies ; souvenez-vous de la rue Saint-Avoye...*

— Jérôme, — dit Joseph effrayé, — tu entends ! tu entends !...

— Eh bien ! après ? — reprit le docteur Bonaquet en haussant les épaules. — Voilà-t-il pas quelque chose de bien miraculeux ! Cette devineresse retrouve au bal de l'Opéra, où il y a peut-être deux ou trois mille personnes, deux femmes à qui elle a dit la bonne aventure ; premier miracle ! Comme ces deux femmes sont d'une beauté remarquable (pardon du compliment, madame Fauveau : vous m'y forcez), la sorcière, qui a bonne mémoire, les reconnaît : second miracle ! Enfin, voyant ces deux femmes et un domino réunis, elle leur dit avec la diabolique pénétration de M. de La Palisse : « Vous voilà toutes les trois ensemble ! Souvenez-vous de la rue Saint-Avoye... » Troisième et effrayant miracle !

— Jérôme a raison, — reprit Joseph ; — en y réfléchissant, c'est simple comme bonjour, petite Maria ; cela ne vaut pas seulement la peine d'y songer.

— Tout ce que je puis vous dire, monsieur Bonaquet, — reprit tristement la jeune femme, — c'est que lorsque la devineresse nous a dit cela, à toutes les trois, qui entourions M. Anatole, j'ai senti, sans savoir pourquoi, mon cœur se serrer si fort, que mon bon Joseph s'est aperçu de ma tristesse...

— Oui, et tu m'as même dit que, de cette tristesse soudaine, je saurais la cause.

— Il est vrai, — reprit Maria, — mais ce moment passé, autant pour m'étourdir là-dessus que pour ne pas t'inquiéter, Joseph, j'ai pensé comme M. Bonaquet, qu'après tout c'était un hasard; j'ai pris mon courage à deux mains, pour n'y plus songer, j'ai dit toutes sortes de folies à Joseph, et ce matin c'était oublié.

— Mais alors qui t'a rappelé cette vilaine et maudite pensée, — demanda Joseph.

— Je ne veux pas expliquer cela, mais tout à l'heure, quand M. Bonaquet se chagrinait du manque de parole de M. Anatole, disant qu'il voudrait le sauver non-seulement à cause de lui, mais du mal qu'il ferait peut-être par haine et par vengeance, puisqu'il disait qu'après avoir été martyr il deviendrait *bourreau;* à ce mot de BOURREAU, j'ai pensé à la guillotine, je me suis encore rappelé les paroles de la sorcière, et je me suis senti froid partout. Hélas! ce que je vous dis là est ridicule, vous allez vous moquer de moi, vous aurez raison, je sais que rien n'est plus sot que de craindre que M. Anatole, si méchant qu'il devienne, soit mon bourreau et me fasse mourir sur l'échafaud. Cependant, je vous dis franchement ce que j'éprouve; sans doute cela passera, mais enfin, tenez... à cette heure, je me sens triste... triste à mourir; je ne sais pourquoi je pense à embrasser ma pauvre petite fille comme si je ne devais plus jamais la voir....

En disant ces mots, Maria trembla de tout son corps et fondit en larmes.

— Maria... tu pleures! — s'écria Joseph en se jetant aux pieds de sa femme, et ne pouvant lui-même retenir ses larmes, — mais ces craintes sont folles! Jérôme!... Madame!... dites-lui donc comme moi! Ah! que je suis malheureux!

L'émotion de Maria et la cause de cette émotion étaient si étranges, si inexplicables, que Jérôme et sa femme, malgré la sagesse et la fermeté de leur esprit, restèrent un moment supris et silencieux.

Le docteur Bonaquet rompit le premier le silence, et s'adressant paternellement à Maria :

— Ma pauvre et chère enfant, si je vous disais que rien ne justifie l'impression que vous éprouvez, je mentirais; je comprends que, quoique très explicables par le hasard des choses, certaines circonstances peuvent étonner, inquiéter même les caractères les plus fermes; je comprends encore qu'en rapprochant de ce qui s'est passé hier à l'Opéra les craintes que je manifestais tout à l'heure sur les funestes tendances d'Anatole, vous ayez, dans un premier moment de frayeur, vaguement cherché à expliquer par mes paroles le sens de l'horrible et folle prédiction qu'on vous a faite. Mon Dieu ! encore une fois, ces écarts de la pensée ne se raisonnent pas, ils sont, parce qu'ils sont... Mais ma pauvre enfant, cette part justement faite à l'infirmité de l'esprit humain, vous m'avouerez, n'est-ce pas, et vous l'avez dit vous-même, que le plus simple bon sens doit vous rassurer ? Voyons, là, franchement (et ce sont vos paroles que je rappelle), si méchant, si odieux, si scélérat qu'on puisse supposer Anatole, en quoi et comment peut-il devenir votre *bourreau*, vous faire mourir sur l'échafaud ? Songez donc aux garanties que vous donne le présent et le passé. Fille chérie de vos vieux parents, épouse idolâtrée de ce bon Joseph, mère heureuse entre toutes les mères, satisfaite de votre humble condition où vous trouvez l'aisance, le bonheur, votre vie n'est-elle pas toute tracée d'avance ? Car, après tout, le bon sens, la raison, sont aussi des devins, et infaillibles ceux-là ! Vous devez donc croire au bonheur. C'est là une prédiction que je défie le sort de ne pas accomplir.

— Et de plus, chère Maria, permettez cette familiarité à ma récente mais sincère affection, — ajouta Héloïse en prenant l'autre main de la jeune femme, — de plus n'avez-vous pas de bons, de sûrs amis ? Et ces amis, croyez-le bien, je ne dirai pas au premier danger sérieux (il est en vérité impossible de rien prévoir qui puisse vous menacer); mais enfin ces amis, à la première inquiétude, si vague, si déraisonnable même qu'elle soit, accourraient auprès de vous, afin de vous soutenir, de vous aider à combattre ces folles superstitions auxquelles les âmes tendres et candides comme la vôtre sont parfois sujettes. Allons, chère Maria, voyez comme vous êtes entourée ! sur combien de cœurs courageux, dévoués, vous pouvez compter ! Croyez-moi, pauvre enfant, affrontez sans crainte, par la pensée, les suppositions les plus sinistres, et demandez-vous ensuite ce que peuvent peser ces funestes illusions auprès des réelles affections qui vous protégent ?

— Je vous avais bien dit, madame, que ma tristesse passerait, — répondit Maria en essuyant ses grands yeux humides de larmes et tâchant de sourire. — A vos bonnes paroles, mon cœur se rassure ; mes mauvais pressentiments s'en vont ; il me semble que je m'éveille d'un vilain rêve ; oui, maintenant j'ai honte d'avoir été si enfant. Mais c'était plus fort que moi. Dans le premier moment j'ai souffert. Il faut me pardonner, je ne l'ai pas fait exprès, allez, je vous l'assure ; allons, Joseph, disons bonsoir à madame et à notre cher monsieur Bonaquet ; il se fait tard, je me suis un peu fatiguée, et j'ai promis à maman, qui garde le magasin, de revenir de bonne heure.

— Et demain, — dit Héloïse en tendant la main à la jeune femme, — j'irai savoir de vos nouvelles, chère Maria, j'espère que toutes ces méchantes idées auront passé comme un songe.

— Je l'espère aussi, madame, car ces sottes et vilaines idées oubliées, Joseph et moi nous n'aurions plus qu'à nous rappeler votre aimable accueil de ce soir. Oh! nous ne l'oublierons jamais!

— Non, madame, jamais, — dit Joseph en enveloppant Maria dans le châle qu'il avait enfin déplié; — Et pour en finir avec ce maudit Anatole, qui maintenant est pour tout le monde un vrai *loup-garou*, et qui a manqué à sa parole d'honneur envers toi, Jérôme, ma foi, nous lui fermerons notre porte, à moins que plus tard il ne revienne à résipiscence… et alors comme alors!

— Oh! je t'en supplie, tiens à cette résolution, mon bon Joseph, — reprit Maria, — car, je te l'avoue, je ne pourrais maintenant rencontrer M. Anatole sans un serrement de cœur, sans une espèce de crainte qui me ferait mal.

— Vous avez raison tous deux, — dit Héloïse en échangeant un regard avec Jérôme, — mon mari et moi vous engageons instamment à ne plus voir M. Ducormier. Tenez à votre résolution, tenez-y fermement; vous ne pourrez que perdre à vos relations avec lui.

— Oui, — reprit Bonaquet, — je t'en conjure, Joseph, ne le reçois plus; s'il revient à de meilleurs sentiment, c'est différent; mais en tout cas ne le reçois pas avant que je t'aie dit: Tu peux maintenant renouer tes relations avec lui. Je te dis cela dans ton intérêt, mon bon Joseph.

— Je le sais bien, mon ami, j'ai en toi une confiance aveugle, Maria aussi, et nous suivrons tes conseils, sois tranquille.

— Oh! de grand cœur, et avec reconnaissance, — dit Maria, — Allons, Joseph, faisons nos adieux à madame.

— Joseph je vais sortir avec toi, — reprit le docteur Bonaquet. — Il faut absolument que je tente un dernier effort auprès de ce malheureux Anatole et que je découvre où il demeure. Il m'a dit avoir ce matin un rendez-vous important avec un ami de son ambassadeur, peut-être saurai-je là son adresse. — Et s'adressant à sa femme : — Ma chère Héloïse, où est donc l'hôtel de Morsenne?

— Rue de Varennes, n° 7, mon ami, Mais j'y songe, — ajouta la jeune femme à demi-voix, — nous sommes convenus de nous y rendre à l'une des plus prochaines réceptions de madame de Morsenne ; informez-vous donc en même temps à sa porte quel jour elle reçoit.

— C'est juste, mon amie, je demanderai en même temps ce renseignement.

Après des adieux remplis de cordialité, Maria et son mari quittèrent Héloïse, accompagnés du docteur Bonaquet, pour retourner à leur magasin.

Le médecin se rendit à l'hôtel de Morsenne, et s'adressa aux gens du prince pour découvrir la demeure d'Anatole. Ils l'ignoraient, car aucun d'eux ne savait encore que M. Ducormier dût remplir auprès de leur maître l'emploi de secrétaire ; quant aux jours de réception de la princesse, le docteur Bonaquet apprit qu'elle donnait le lendemain une grande soirée.

De retour chez lui, Jérôme convint avec sa femme qu'ils iraient le lendemain faire leur *visite de noce* à l'hôtel de Morsenne.

III

III

Madame la princesse de Morsenne donnait, on l'a dit, une grande soirée le lendemain du jour où Maria Fauveau et son mari avaient dîné chez le docteur Bonaquet.

Deux gardes municipaux à cheval chargés de la police de la *file* se tenaient de chaque côté de la grande porte de l'hôtel ouverte à deux battants ; les seules voitures des ambassadeurs et des ministres du *gouvernement du roi*, comme on disait alors, avaient le droit de stationner dans la cour immense de ce vaste palais dont toutes les fenêtres étincelaient de lumière.

Dix heures et demie venaient de sonner ; l'interminable file de voitures armoriées s'avançait avec lenteur et s'arrêtait successivement devant le perron de l'hôtel ; une livrée splendide et nombreuse garnissait le vestibule, où aboutissait un magnifique escalier de marbre blanc, à rampe dorée ; un tapis de velours rouge cachait à demi les marches garnies de caisses d'orangers ou de camélias fleuris. Cet escalier, brillamment éclairé, conduisait au premier étage, où se trouvaient les appartements de réception. La duchesse de Beaupertuis habitait le rez-de-chaussée.

Une réunion nombreuse occupait déjà ces salons énormes, dorés, meublés et décorés avec une splendeur grandiose. Là se rencontraient la fine fleur de la vieille aristocratie française, le corps diplomatique, et presque tous les grands seigneurs étrangers alors en résidence à Paris; on remarquait aussi plusieurs ministres alors en fonctions; M. de Morsenne, pair de France, ayant daigné, quelques années auparavant, accepter une ambassade importante, et nourrissant l'espoir de revenir aux affaires, était obligé de recevoir les ministres.

Ces pauvres gens, complètement désorientés au milieu de ce monde où ils n'avaient aucune relation, ne se rendaient chez M. de Morsenne que par convenance politique. Aussi, après avoir été saluer madame de Morsenne et échangé quelques mots avec le prince sur les banalités politiques à l'ordre du jour et sur la *grosse affaire* du moment, comme disaient ces *Turgot* et ces *Sully* dans leur argot parlementaire, ils se promenaient un instant dans les salons, allaient contempler les fenêtres ou les fleurs de la galerie pour se donner une contenance, puis s'éclipsaient au plus tôt, non sans avoir souvent entendu des dialogues dans le goût de ceux-ci :

« — Dites donc, mon très cher, qu'est-ce
« que c'est donc que ce gros homme en noir
« qui contemple les rideaux de cette croisée
« depuis cinq minutes ? Qu'est-ce qu'il peut

« donc y trouver de curieux, à ces ri-
« deaux ?

« — C'est sans doute un valet de chambre
« qui aura aperçu quelque accroc dans les
« draperies.

« — Allons donc, mon très cher, est-ce
« que les valets de chambre de la princesse
« ont de ces affreuses tournures-là ! Puis
« d'ailleurs il a son chapeau à la main, ce
« monsieur. Il n'est donc pas de la maison.

« — C'est vrai. Qu'est-ce que ça peut
« être ? »

Ou bien encore :

« — Qu'est-ce que c'est donc que ce petit
« homme jaune à encolure de procureur, à

« qui personne ne parle? Tenez, il vient
« d'approcher son vilain nez de ces beaux
« *strélizias* comme pour les sentir, croyant
« probablement que ç'a a de l'odeur, l'imbé-
« cille !

« — Ah! j'y suis, ces deux inconnus doi-
« vent être des ministres ; ce pauvre Mor-
« senne est bien obligé d'en recevoir, des mi-
« nistres !

« — Voilà pourtant où vous conduit l'am-
« bition !

« — Mais alors, pourquoi donc le gouver-
« nement de tous ces gens-là ne leur donne-
« t-il pas quelque chose comme qui dirait
« une plaque d'ordre ou un grand cordon
« quelconque, pour les marquer? Ça les em-

« pècherait d'avoir tout-à-fait l'air de *por-*
« *teurs d'eau* endimanchés !

« — C'est vrai, et ça serait du moins plus
« décent au vis-à-vis des gens d'un certain
« monde qui sont forcés d'admettre ces *es-*
« *pèces-là* dans leur salon. »

C'était donc généralement avec cet accompagnement d'insolents sarcasmes, que les piètres ministres opéraient leur retraite, le cœur gonflé de fiel et de jalousie contre cette incorrigible et hautaine aristocratie qu'ils avaient la lâcheté de craindre, la bassesse d'aduler, et qui puisait son influence dans leur couardise.

La soirée que donnait madame de Morsenne brillait donc de tout son éclat; un observateur eût remarqué trois coteries, ou si l'on veut trois *cours* bien distinctes, ayant chacune leur *reine*.

Dans le grand salon, la princesse de Morsenne trônait sur son canapé que venaient tour-à-tour partager les femmes avec qui elle comptait le plus ; derrière elle, assis sur un pliant et le bras familièrement appuyé au dossier du sopha, se tenait le fidèle chevalier de Saint-Merry : c'était là sa place habituelle, il n'en bougeait pas, et se trouvait, ainsi que madame de Morsenne, le centre d'un groupe assez nombreux de femmes assises sur des fauteuils et d'hommes se tenant debout.

Cette coterie, presque exclusivement composée d'anciennes amies et de vieux amis de la princesse, qui, directement ou indirectement n'avaient voulu, en quoi que ce soit, se rallier. comme le prince, au gouvernement nouveau, cette coterie, disons-nous, pour les idées, les principes et l'immuable tradition aristocratique, représentait un petit *Coblentz*. On se rappelait là les souvenirs et les haines de l'émigration, les aventures amoureuses et chevaleresques *des chers princes,* la crânerie galante de ces charmants officiers prussiens ou autrichiens qui devaient faire une bouchée des armées de la république ; l'on ressassait à plaisir les *horreurs* de la révolution, et l'on concluait à une prochaine restauration qui devait débarrasser la France d'un *juste-milieu* horriblement bourgeois ; inutile de dire que, dans ce cénacle, les femmes parlaient de *monseigneur le comte de Chambord* avec un héroïque enthousiasme, assez semblable au mystique engouement des nonnes pour leur directeur.

Les jeunes femmes et les jeunes gens fuyaient volontiers comme une peste d'ennui le *petit Coblentz*, et après être venus saluer madame de Morsenne, ils se rendaient de préférence dans ce qu'on appelait le *salon bleu*, où trônait de son côté la jeune duchesse de Beaupertuis.

Cette coterie réunissait les femmes les plus à la mode. On y parlait toilette, Opéra, romans nouveaux, musique, chasse, chevaux, et surtout galanterie, toutes les petites médisances envenimées, toutes les découvertes scandaleuses à l'endroit des ruptures, des rapprochements ou des nouveaux engagements pris entre celles-ci et ceux-là ; toute chronique amoureuse, en un mot, était la bien-venue ; on ne dédaignait même pas de s'entretenir longuement des *impures* les plus en vogue, et dans la soirée dont nous parlons, on se disait tout bas, afin que la nouvelle circulât bien haut, que lors d'un des derniers bals de l'Opéra, deux très-grandes dames avaient voulu, par curiosité, aller, en compagnie de leurs amants, souper avec une mademoiselle Moreau, surnommée la *Chevrette,* et remarquable, disait-on, par son esprit original et sa verve licencieuse ; on parlait même de chansons trop peu gazées, chantées par la *Chevrette* et écoutées d'ailleurs sans inconvénient par les deux curieuses, qui avaient chastement gardé leur masque durant le souper. Une fois ces thèmes scandaleux donnés, chacun s'escrimait de son mieux ; les plus hardis ou les plus spirituels risquaient des mots hasardeux, que les moins innocentes feignaient de ne pas comprendre; dans ce tournoi de médisances, d'allusions et de méchancetés, chaque homme tâchait de se faire remarquer de la jeune duchesse de Beaupertuis, qui trônait là en véritable *reine de beauté*.

Enfin, dans ce que l'on appelait la *galerie hollandaise* (elle renfermait une précieuse collection de tableaux flamands; il y avait aussi une très-belle galerie des maîtres italiens ou espagnols), se tenait la coterie de madame de Robersac, maîtresse en titre du prince de Morsenne, femme d'un esprit très-délié, très-insinuant, amie douteuse, mais la plus dangereuse ennemie que l'on pût avoir, et, comme telle, terriblement redoutée, c'est-à-dire aussi entourée que bassement adulée.

Madame de Robersac était ordinairement assise au coin de la cheminée, devant laquelle le prince se tenait debout. Ce groupe, assez considérable en hommes, mais peu nombreux en femmes, réunissait pourtant toutes celles qui s'occupaient de politique ou *d'élections académiques*, spécialité alors nouvelle et florissante dans les salons de ce temps-là : les candidats prônés à outrance par ces belles patronesses académiques, dames de charité de l'esprit, qui quêtaient si chrétiennement des voix pour leurs pauvres, les candidats étaient invariablement des savants en *us* profondément ignorés, ou de très-grands seigneurs beaucoup trop connus par leur nullité, mais qui trouvaient bienséant d'avoir, par droit de naissance, un fauteuil à l'Académie, ainsi que l'avait eu M. le duc de Richelieu, ce correct et illustre écrivain que chacun sait.

Quelque paysan du Danube, quelque *Huron,* osait-il respectueusement s'informer, dans sa candide ignorance, de ce qu'avaient écrit M. le marquis ou M. le duc, pour être un des quarante immortels, l'on répondait aigrement au *Huron* : « Que d'abord M. le
« marquis ou M. le duc causaient le plus
« agréablement du monde, inappréciable
« qualité dans un temps où l'esprit de la
« conversation devenait de plus en plus rare,
« sans compter que M. le marquis ou M. le

« duc aimaient, en gens de goût, la belle
« littérature, et qu'ils étaient d'ailleurs de
« ces personnages qui honorent infiniment
« les compagnies littéraires et roturières,
« toujours empressées de respectueusement
« accueillir les grands noms, en raison du
« lustre qu'ils apportent à ces gens de si
« peu. »

La coterie rassemblée autour de madame de Robersac et de M. de Morsenne se composait donc d'hommes de haute naissance, temporairement ralliés au gouvernement d'alors par la pairie dont ils jouissaient, et de *précieuses* politiques (Molière est de tous les temps) ou de précieuses littéraires.

Dans ce cercle, moitié tribune, moitié académie, on remarquait encore quelques très-jeunes gens, aussi de haute naissance, raides, gourmés, guindés, cassants, ignorants et suffisants, qui après six mois de *parlotte* et quelques banalités politiques, corrigées par leur précepteur ou par leur *papa,* et insérées dans les revues sérieuses, sérieusement inconnues, jouaient à l'homme d'État et au diplomate, disant et répétant, les chers innocents : — que *Fox* avait bien été ministre à vingt ans ! — Ces vieux petits *Metternich,* ces *Talleyrand,* la veille encore en vestes rondes, devaient, par droit de naissance, peupler un jour les grandes ambassades, et regardaient de très-haut ceux de leurs pairs qui, plus consciencieux ou plus modestes, préféraient bravement les *lorettes,* les clubs, le lansquenet et les courses de chevaux.

Le simple énoncé du personnel de la coterie présidée par madame de Robersac donne une idée de la pesanteur des entretiens de ce groupe, où l'on passait tour-à-tour des hauteurs d'une littérature caduque aux sublimités d'une politique édentée ; mais là du moins l'on s'en donnait à cœur joie sur ces novateurs, sur ces révolutionnaires de toutes sortes, contempteurs de la religion, de la famille et de la propriété, odieux scélérats dont la croissante audace épouvantait, et que l'on regrettait de ne pouvoir pendre ou brûler un peu, la prison ne suffisant point à refréner cette exécrable engeance.

A onze heures sonnant, madame de Robersac, qui n'assistait qu'une ou deux fois au plus par mois aux réceptions hebdomadaires de la princesse, quittait l'hôtel de Morsenne; la plupart des personnes composant sa coterie l'imitaient et se rendaient chez elle, où se retrouvait le prince, qui, fidèle à son habitude de chaque soir, allait prendre le thé chez sa maîtresse, pendant que madame de Morsenne continuait de faire les honneurs de son salon.

Faut-il dire qu'en dehors de ces coteries bien tranchées se tenaient des hommes véritablement distingués, qui considéraient leur richesse et leur naissance comme de hautes obligations morales, et qui, pleins de courage, de désintéressement, marchaient loyalement avec le siècle, comprenant, avec le tact des bons esprits et des nobles caractères, que l'heure était venue de compter non plus par race et par ses grands biens, mais par soi?

En dehors de ces coteries se tenaient encore ces femmes d'une élégance charmante et point coquette, instruites mais non pédantes, pieuses et non dévotes, sages et non prudes, dignes et non hautaines ; s'honorant de leur grande naissance, mais la faisant aussi honorer par leur bonne grâce et leur bon goût, par leur inépuisable et intelligente charité, et enfin par leur affable et sincère déférence, sans distinction de classes ou de personnes, envers toute supériorité méritant une estime et une considération personnelle.

Telle était la physionomie générale et les éléments divers de cette réunion. Disons enfin qu'une seule pensée manifestée sous mille formes dominait tous les esprits et se faisait jour à travers les entretiens les plus variés. Nous voulons parler du mariage de madame de Blainville avec son médecin, énormité à laquelle de récentes *contre-lettres* de faire-part, envoyées à profusion par M. de Morsenne, donnaient un ragoût des plus piquants ; cette mésalliance inouïe, ou plutôt ce monstrueux *accouplement,* ainsi que l'avait dit la princesse dans sa morgue naïve, excitait une indignation unanime.

Aucune des personnes réunies ce soir-là à l'hôtel de Morsenne n'avait manqué d'adresser au prince, à sa femme et à leur fille, quelques paroles de condoléance profondément senties à l'endroit du coup si douloureux, si imprévu, dont était frappée leur illustre maison.

Cette alliance, objet incident de tous les entretiens, donnait encore une animation nouvelle à la physionomie de cette brillante réunion.

Un homme errait çà et là, non moins inconnu et esseulé, dans cette foule élegante, qu'un ministre du gouvernement du roi ; cet homme était Anatole Ducormier. M. de Morsenne lui avait obligeamment dit après dîner :

« — Mon cher, envoyez chercher un
« fiacre, et *retournez où vous savez ;* vous vien-
« drez me rejoindre chez madame de Mor-
« senne, qui reçoit ce soir. L'entrée de son
« salon qu'elle m'a accordée pour vous parce
« que vous êtes à moi, est une faveur dont
« aucun de mes secrétaires n'a jamais joui :

« vous voyez avec quelle distinction j'entends
« vous traiter ici. »

Anatole était retourné *où il savait;* à son retour, voyant le prince très-entouré, il attendit le moment de lui parler à loisir, et se retira dans un petit salon peu fréquenté, séparé, par une large baie garnie de portières, du *salon bleu,* où trônait au milieu de sa cour galante la jeune duchesse de Beaupertuis.

Anatole, assis devant une table, feuilletait machinalement plusieurs riches albums, afin de se donner une contenance et de pouvoir observer à son aise Diane de Beaupertuis, qu'il voyait parfaitement de sa place.

La jeune duchesse était éblouissante de

parure et de beauté ; son teint plus animé, ses yeux plus brillants que de coutume, lui donnaient un éclat extraordinaire. Elle parlait et riait très haut ; ses mouvements semblaient parfois saccadés, nerveux, et de temps à autre elle jetait à la dérobée un regard du côté d'Anatole.

Celui-ci, calme en apparence, s'interrompait souvent de feuilleter ses albums. Plusieurs fois ses yeux rencontrèrent les yeux de madame de Beaupertuis fixement arrêtés sur lui ; son visage impassible ne trahit pas la moindre émotion ; un sourire légèrement sardonique contracta ses lèvres, et il se remit à feuilleter ses albums.

Au bout de quelques instants, l'attention de Ducormier fut éveillée par quelques mots d'une conversation que tenaient deux personnes assises derrière et à quelque distance de lui.

Tel était cet entretien :

— Non, non, mon cher Saint-Géran, tu ne feras pas cette folie.

— Je te répète que si mademoiselle Duval veut de moi, je l'épouse.

— Mais tu dis toi-même qu'elle est sans fortune, sans naissance.

— Elle est fille d'un colonel d'artillerie. C'est, après tout, sortable.

— Mais, mon cher Saint-Géran...

— Mais, mon cher Juvisy, j'en suis fou.

— Allons donc ! tu ne lui as jamais parlé.

— Je l'ai vue trois fois. Elle est belle, mais belle à en perdre la tête. Je ne vois qu'elle, et quant à son caractère, je sais de bonne source qu'elle est un ange de vertu.

— Tu dis vrai, tu es fou ! archi-fou ! Tu te feras moquer de toi.

— Que veux-tu, mon cher Juvisy, j'ai l'inconvénient de vouloir me marier un peu pour moi. Mon seul désir est d'aller vivre en Anjou dans une de mes terres ; j'ai de Paris par-dessus les yeux, et du caractère dont je sais mademoiselle Duval, je ne doute pas que mes projets ne lui conviennent à merveille. Sa mère est valétudinaire, elle nous accompagnera. Nous aurons dans mes terres la plus grande existence, et, du diable si on me revoit à Paris.

Anatole Ducormier fut distrait du vif intérêt que lui inspirait cet entretien par la voix du prince qu'il n'avait pas vu venir à lui, et qui lui dit tout bas en l'emmenant dans l'embrasure d'une croisée :

— Je vous ai aperçu tout-à-l'heure, vous avez bien fait de ne pas venir m'interrompre... Eh bien ! ce soir, avez-vous pu *la* voir ?

— Impossible, prince ; j'ai encore trouvé la mère gardant le magasin. Madame Fauveau, souffrante depuis hier soir, n'est pas descendue à sa boutique ; son mari ne la quitte pas d'un instant, et son médecin, l'un de mes amis d'enfance, le docteur Bonaquet, est venu voir la malade deux fois dans la journée.

— Au diable! le docteur Bonaquet, — pensa le prince. — Ce ridicule et insupportable nom me suivra donc partout!

M. de Morsenne ne croyait pas si bien dire, car soudain une rumeur, d'abord sourde, puis de plus en plus bruyante et mêlée d'éclats de voix, commença de s'élever des salons voisins, et l'on entendait çà et là dire à voix haute :

— Mais où est le prince ?

— Il faut à l'instant prévenir le prince de ce scandale, de cette énormité!

M. de Morsenne, très surpris, quitta précipitamment Anatole et sortit du petit salon, où il s'était jusqu'alors entretenu avec son nouveau secrétaire.

IV

IV

Telle était la cause de la rumeur qui mettait en émoi la réunion de l'hôtel de Morsenne.

Un jeune homme qui avait assisté à la soirée, venait d'accourir tout effaré auprès de madame de Morsenne, en lui disant d'une voix entrecoupée par la stupeur et l'indignation :

— Ah ! princesse, c'est à n'y pas croire ! ah ! princesse !...

— Mon Dieu ! qu'avez-vous, monsieur de Moldane ? — dit vivement madame de Morsenne en se levant de son canapé. — Vous m'inquiétez,

— Qu'y a-t-il, mon cher ? — demanda le chevalier de Saint-Merry, en quittant précipitamment le pliant qu'il occupait derrière la princesse. — Que se passe-t-il donc ?

— J'étais sous le péristyle, — reprit le jeune homme, — attendant mes gens pour m'en aller, lorsque les portes du vestibule se sont ouvertes, et j'ai vu entrer... mais vu comme je vous vois, princesse...

— Achevez donc ! — s'écria M. de Saint-Merry. — Qui avez-vous vu entrer ?

— Madame de Blainville.

— *Madame... de... Blainville...!* — reprit madame de Morsenne en faisant une pause entre chaque mot, car le saisissement la suffoquait.

A cette incroyable nouvelle, toutes les personnes composant la coterie de la princesse se levèrent spontanément de leurs siéges, et se rapprochèrent en s'entre-regardant, sans pouvoir trouver une parole.

Puis ce fut une explosion formidable de voix confuses s'écriant :

— Quelle audace !

— Quelle impudeur !

— C'est à n'y pas croire !

— La malheureuse a perdu la tête !

— Mais, princesse, vous n'aviez donc pas dit à vos gens de lui fermer votre porte.... à cette vilaine femme ?

— Moi je soutiens que c'est impossible. M. de Moldane se sera trompé !

— Je me suis si peu trompé, — reprit le jeune homme, — que j'ai reconnu un vieux valet de chambre que j'ai cent fois vu chez le marquis ; cet homme accompagnait madame de Blainville, et lui ôtait ses *douillet-*

tes (1), tandis que le mari.... probablement, recevait le manteau.

— Le mari! — s'écria madame de Morsenne foudroyée cette fois. — Comment! ce médecin! elle aurait eu l'audace de...

La princesse ne put achever ; elle étouffait.

Le chevalier de Saint-Merry reprit :

— Cette fois, mon cher Moldane, vous rêvez! Que diable! elle n'est pas assez folle ou assez effrontée pour oser le colporter ici, son médecin!...

— Je vous répète que ce monsieur est avec elle, — reprit M. de Moldane, — je l'ai

(1) Chaussons de satin ouaté.

entendu dire à madame de Blainville : *Ma chère amie, donnez-moi votre manteau.* Aussi, ne pouvant plus douter de cette insolence inouïe, je suis accouru, princesse, vous prévenir de l'énorme scandale qui se prépare.

A cette complication, les exclamations redoublèrent.

— Il faut quitter en masse l'hôtel de Morsenne !

— Non, ce serait trop fort !

— Il faut tourner le dos à cette éhontée, si elle ose nous adresser la parole !

— Et se lever, si elle se permet de venir s'asseoir auprès de nous !

— Quant à son médecin, on lui dira que ce n'est pas ici sa place !

— Mais c'est à en perdre la tête! —s'écria la princesse. — D'un instant à l'autre ils vont entrer. Monsieur de Saint-Merry, aidez-moi donc! conseillez-moi donc ! Quel parti prendre? Mon Dieu ! mon Dieu ! je suis abasourdie !

— Il n'y a qu'à faire jeter ce monsieur à la porte par vos gens, chère princesse, reprit —crânement le chevalier, en se rengorgeant dans sa cravate et en passant la main dans sa rare chevelure, que l'eau algérienne, ou toute autre, rendait d'un noir d'ébène.

— C'est évident; il faut faire jeter ce drôle-là à la porte ! — dirent plusieurs voix.

— A moins que la princesse ne leur notifie à tous les deux de sortir à l'instant de chez elle, — dit une autre.

— En effet, ce serait peut-être plus digne.

— Plus digne ! Allons donc ! Est-ce qu'il y a de la dignité à garder au vis-à-vis d'une pareille impudence !

— Qu'en pensez-vous, madame la duchesse ? — dit un des plus outrés à Diane de Beaupertuis.

Chose assez étrange, cette jeune femme qui s'était montrée la veille si implacable pour ce qu'elle appelait l'*indignité* de madame de Blainville, et qui avait donné l'idée de la fameuse contre-lettre de faire part, ne semblait pas partager, ce soir-là, l'exaspération générale contre l'ex-marquise. Sa physionomie était pensive, presque triste, et elle répondit froidement au furieux qui venait de l'interpeller :

— Tout ceci, Monsieur, se passe chez ma mère et non pas chez moi; c'est à elle de prendre une décision.

Madame de Morsenne entendant ces paroles de sa fille, et très surprise de sa tiédeur, lui dit :

— En vérité, ma chère, je ne vous comprends pas. Qu'importe que cette énormité se passe chez vous ou chez moi? Ne sommes-nous pas solidaires du déshonneur de notre maison? N'est-ce pas vous qui, la première, avez provoqué cette circulaire empreinte d'une si légitime indignation?

— Légitime... — dit Diane avec un sourire singulier, — peut-être...

— Comment! — s'écria la princesse de plus en plus surprise; — que signifie ce peut-être?

— Mais, princesse, dans quelques secondes ils vont être ici, — dit une voix, — il faudrait au moins prévenir le prince.

— C'est vrai, où est donc le prince?

— Il faut se hâter, car le temps de monter le grand escalier et de traverser la galerie, et ils sont ici...

Ce fut à ce moment que M. de Morsenne,

très étonné des sourdes rumeurs qu'il entendait s'élever, sortit du petit salon où il s'était entretenu avec Ducormier.

L'incroyable nouvelle de l'arrivée de l'ex-marquise de Blainville et de son médecin, s'étant répandue avec une rapidité électrique, les différents groupes disséminés dans plusieurs pièces les avaient complètement désertées, et s'étaient tous réunis dans le grand salon autour de madame de Morsenne.

Le prince traversant avec assez de peine cette foule compacte, se rendait auprès de sa femme, lorsque soudain ces mots circulèrent à voix basse, avec une sorte de frémissement de surprise et d'indignation :

— Les voilà ! les voilà !

Puis un morne et profond silence succéda aux rumeurs.

Afin de donner tout son caractère à *l'entrée* de M. et de madame Bonaquet, il est nécessaire d'indiquer la disposition de l'immense appartement où cette scène se passait.

Jérôme Bonaquet et sa femme, après avoir monté le grand escalier, arrivèrent dans un premier salon, puis ils eurent à traverser une longue galerie de tableaux brillamment éclairée, mais alors complètement déserte ; elle aboutissait, par une large baie cintrée, au salon, où toute la société de madame de Morsenne, réunie en une foule compacte, se tenait silencieuse.

Ainsi, à mesure que Jérôme et sa femme

avançaient dans la galerie, ils distinguaient de plus en plus clairement le menaçant aspect de cette foule muette, immobile, et dont les regards hostiles étaient fixés sur les nouveaux mariés. Aussi, bien des gens, et des plus courageux, auraient plutôt reculé devant une réception pareille que devant un péril matériel.

Jérôme Bonaquet, vêtu comme on l'est pour aller en soirée, était calme, ainsi que doit l'être un homme sûr de soi, qui n'aborde une circonstance difficile qu'avec réflexion et fermeté.

Héloïse portait une robe de velours noir fort simple, mais qui l'habillait à ravir, et laissait voir ses beaux bras nus à demi cachés par des gants blancs; deux camélias pourpres placés avec goût dans sa chevelure brune, composaient sa coiffure; elle tenait à la main un fort beau bouquet. La démarche de la jeune femme était aussi tranquille, aussi libre dans sa gracieuse aisance, que lorsque, peu de temps auparavant, elle entrait en *grande dame* dans ce même salon où on l'accueillait alors avec autant de déférence que de distinction ; sa physionomie était d'une sérénité grave ; on y lisait, non pas la vaine forfanterie de venir braver des dédains immérités, mais la volonté d'accomplir un devoir que lui imposaient sa dignité et celle de son mari.

Parmi les témoins de la scène qui se préparait, et confondu dans cette foule brillante se trouvait Ducormier. Bien que son ami

Jérôme Bonaquet l'eût prévenu la veille de sa résolution de se rendre à l'une des prochaines réunions de l'hôtel de Morsenne, Anatole ne pouvait en croire ses yeux : la témérité des nouveaux mariés lui semblait d'autant plus dangereuse, qu'il pouvait juger, par les paroles échangées autour de lui, de l'accueil qui attendait le médecin et sa femme.

L'angoisse d'Anatole devenait de plus en plus poignante, son premier mouvement, dicté par un fond de véritable affection pour son ami d'enfance, fut de se glisser au premier rang des spectateurs, afin d'offrir au moins à Bonaquet, au milieu de cette foule hautaine, glaciale ou hostile ; un visage ami et au besoin un défenseur. Mais une égoïste et lâche appréhension retint Ducormier.

Avouer qu'il connaissait Bonaquet, c'était s'exposer à partager le ridicule et le dédain sous lesquels le malheureux docteur allait sans doute être écrasé; prendre au besoin sa défense avec chaleur et courage, c'était s'exposer à être chassé sur l'heure de l'hôtel de Morsenne; et pour plusieurs raisons, Anatole tenait à sa nouvelle position auprès du prince. Ayant donc conscience de sa bassesse, Anatole s'effaça le plus qu'il put, courba même honteusement la tête, de crainte d'être, grâce à sa haute taille, reconnu par Bonaquet, mais il ne quitta pas le salon, retenu par la curiosité et par l'intérêt que lui inspirait malgré lui la position de son ami dans une si grave conjoncture.

Le prince, sa femme, ainsi que madame

de Robersac et M. de Saint-Merry, s'étaient consultés à la hâte pendant le temps que M. et madame Bonaquet avaient mis à traverser la longue galerie ; aussi, lorsque tous deux, marchant parallèlement, ne furent plus qu'à peu de distance de la large baie cintrée qui terminait la galerie, M. de Morsenne, se détachant de la foule, s'avança seul jusqu'au seuil du salon, et s'y arrêta comme pour en interdire l'entrée à M. et à madame Bonaquet.

V

V

A la vue du prince, qui, se détachant de la foule silencieuse, était venu se planter sur le seuil du grand salon, dont il semblait vouloir leur défendre l'accès, Bonaquet et sa femme échangèrent un demi-sourire et parcoururent paisiblement les quelques pas qui les séparaient encore de M. de Morsenne.

Celui-ci, se plaçant alors devant Jérôme,

afin qu'il n'avançât pas davantage, lui dit d'un ton hautain et glacial, au milieu d'un silence profond, presque solennel :

— Monsieur.... où allez-vous ? qui êtes-vous ?

— Jérôme Bonaquet, docteur en médecine, — répondit carrément notre homme, en regardant M. de Morsenne entre les deux yeux.

— Vous vous trompez de maison, monsieur, — reprit le prince en redoublant de hauteur et devenant pourpre de colère, car l'assurance de Bonaquet l'exaspérait ; — l'on n'a pas demandé le médecin... Il n'y a pas de malades ici.

— Vous me paraissez pourtant, monsieur,

être dans un état peu normal, — répondit Bonaquet avec un sang-froid imperturbable; — votre pommette est colorée, votre œil injecté : il y a pléthore ; votre pouls doit battre quatre-vingt-dix pulsations à la minute, c'est beaucoup trop ; mais à qui ai-je l'honneur de parler, monsieur ?

Avant que le prince, suffoqué par la fermeté de Bonaquet et par sa réponse ironique, eût pu dire un mot, Héloïse, avec autant d'aisance que si elle eût été dans son propre salon, dit à Jérôme en lui montrant le prince du regard :

— Mon ami, permettez-moi de vous présenter M. de Morsenne, mon cousin et le chef de ma famille.

Puis, profitant de l'immobilité du prince, de plus en plus confondu par le sang-froid et la présence d'esprit des nouveaux venus, Héloïse passa devant lui, entra dans le salon et alla droit à la princesse, en disant à haute voix à Jérôme.

— Je vais maintenant, mon ami, si vous le voulez bien, vous présenter à madame de Morsenne.

Et la jeune femme s'approcha de la princesse ; celle-ci se trouvait placée à côté de madame de Robersac et avait derrière elle le chevalier de Saint-Merry ; le reste de la réunion formait un demi cercle un peu en arrière de ces trois principaux personnages.

— Ma cousine, — dit alors Héloïse à la

princesse, — je vous présente monsieur Bonaquet, mon mari...

Jérôme s'inclina, puis ayant entendu quelques murmures difficilement contenus, il se redressa et promena circulairement son ferme regard sur la réunion. Madame de Morsenne, non moins stupéfaite que son mari de l'assurance d'Héloïse, fut un moment dominée par cette dignité si calme, et reprit bientôt avec un dédain courroucé.

— Je répondrai à madame la marquise de Blainville... que...

— Pardon, ma cousine... vous voudrez bien répondre à madame Bonaquet, c'est le nom que j'ai l'honneur de porter, — dit

Héloïse d'une voix douce et grave en interrompant la princesse.

Mais celle-ci répéta en élevant la voix :

— Je répondrai à madame la marquise de Blainville que je ne peux croire, que je ne veux pas croire, pour l'honneur de notre maison, que le prétendu mariage dont nous avons été informés soit réel ; c'est une déplorable mystification, rien de plus.

— Vous me dites, madame, — reprit Héloïse, — que mon mariage vous semble une mystification! Me ferez-vous la grâce de m'apprendre pourquoi ?

— Mais c'est tout simple, madame, — reprit madame de Robersac avec un sourire amer et insolent, — l'on préfère croire à une mystification que d'avoir à rougir d'une honte !

Madame Bonaquet toisa madame de Robersac, et lui répondit avec une hauteur écrasante :

— Je ne permets pas à madame de Robersac de parler de honte. Si madame de Robersac savait ce que c'est que la honte, elle ne serait pas à cette heure dans ce salon, à côté de madame de Morsenne et de sa fille.

A cette sanglante allusion à sa liaison avec le prince, liaison affichée avec tant de cynisme, la baronne pâlit, se mordit les lèvres jusqu'au sang et fut atterrée.

Le prince, qui s'était rapproché du groupe,

ressentit aussi vivement que madame de Robersac le juste châtiment qui venait de l'atteindre, et dit vivement à Héloïse :

— Madame, cette audace...

— Finissons, monsieur, — reprit d'un ton net Jérôme Bonaquet, dont la physionomie si énergiquement accentuée se révélait alors dans toute sa mâle expression ; — ne jouons pas davantage aux propos interrompus : on sait fort bien ici que madame est ma femme ; elle a accompli un devoir de famille en vous faisant part de notre mariage. A cette politesse, voulue par les simples convenances, vous avez répondu, monsieur, par une circulaire qui, ayant trait à madame et à moi, est le comble de l'insolence... ou de la sottise : choisissez !

— Monsieur, — s'écria le prince, — ce langage...

— Si le choix vous embarrasse, monsieur, reprit durement Jérôme, — priez quelque jeune membre de votre famille de choisir pour vous... Envoyez-le-moi... et nous causerons. Maintenant, monsieur, voici en deux mots pourquoi ma femme et moi nous sommes chez vous ce soir : Vous avez dit, vous avez écrit publiquement que mon mariage avec madame de Blainville était un déshonneur pour votre maison. A cette assertion, il faut des preuves. Ces preuves, je les veux, et je viens, monsieur, vous les demander en présence des personnes qui nous écoutent. Elles verront, je n'en doute pas, en ceci, la démarche d'un homme d'honneur. Maintenant, monsieur, répondez.. J'attends.

Et Jérôme Bonaquet regarda le prince d'un air interrogant.

M. de Morsenne voulut le prendre de très haut et reprit dédaigneusement :

— Quand je choisis mon interlocuteur, je lui réponds, Monsieur... mais je ne réponds point au premier venu qui se permet de m'interroger de la sorte.

— Je me permettrai de vous faire observer, Monsieur, — reprit Bonaquet avec une affectation de parfaite urbanité, — qu'un homme bien élevé doit une réponse même au *premier venu,* lorsque ce premier venu vient demander compte d'un outrage immérité. Vous allez donc, Monsieur, avoir sur l'heure la bonté d'articuler nettement, positivement, en quoi et pourquoi mon mariage avec madame de Blainville a pu déshonorer votre famille; sinon, et j'en prends à témoin les personnes ici présentes, je regarde votre silence comme le désaveu formel d'un outrage dont vous reconnaissez l'injustice, et dont vous me faites ainsi humblement et silencieusement vos excuses. Ces excuses me suffiront, et ma femme et moi nous nous retirerons satisfaits.

— Des excuses, Monsieur! — s'écria le prince indigné; — des excuses, moi, jamais!!!

— Alors, Monsieur, articulez un fait contre moi, un seul..... Allons...... j'attends.....

Le prince, troublé, resta muet et baissa les yeux devant le regard de Bonaquet.

Au bout de quelques moments d'un profond silence, le médecin reprit :

— Eh bien ! Monsieur ! rien encore ! Ce fait honteux, déshonorant, qui doit faire rougir votre famille de mon alliance ? — Ce fait, impossible de le trouver, n'est-ce pas ? Je comprends cela. Aussi, tenez, mon cher monsieur, — ajouta Bonaquet avec un sourire dédaigneux, — votre embarras me fait pitié ; pour en finir, je vais simplifier la question. L'énormité de mon mariage consiste-t-elle seulement, absolument, à vos yeux, en cela que ma femme était marquise... et moi médecin ?

— Eh! Monsieur, — s'écria le prince, — que faut-il donc de plus qu'une pareille mésalliance pour...

Bonaquet l'interrompit en souriant et reprit :

— Ainsi, Monsieur, vous reconnaissez formellement, en présence des personnes qui nous entourent, n'avoir d'autre grief à me reprocher que d'être un pauvre diable de roturier, honnête, loyal, laborieux, intelligent, et qui a pour toute noblesse (pardonnez cette fatuité) quelque renom dans la science? En un mot, Monsieur, il est entendu, il est convenu que vous me tenez pour un parfait galant homme, sauf l'inconvénient de mon manque absolu de naissance? quoique, entre nous, — ajouta Jérôme en souriant, — il me semble pourtant parfois que je suis né... oui, j'ai l'impertinence de trouver que j'existe... Mais vous êtes, Monsieur, en ces matières, meilleur juge que moi. Je vous accorderai donc que je ne suis point né du tout, si vous m'accordez que je suis un homme d'honneur.

— Monsieur, — répondit le prince, ravi de sortir à ce prix d'un si cruel embarras,— je n'ai jamais songé à mettre votre honneur en question. Rien ne me donne le droit de supposer que vous ne soyez pas un très honnête, un très galant homme !

— Je n'en demande pas davantage, mon cher monsieur, — dit Bonaquet, — ni ma femme non plus...

— Et moi, je tiens à ajouter que non-seulement M. le docteur Bonaquet est un parfait galant homme, mais qu'il est doué d'une rare délicatesse, — dit soudain une voix émue.

Et le neveu de feu le marquis de Blainville, M. de Saint-Géran, sortit du cercle et continua du ton le plus élevé :

— Oui, car il faut que je répète encore ce que l'on ignore ou que l'on feint d'ignorer : c'est que, par un exemple de désintéressement peu commun, madame de Blainville, en se remariant, était convenue avec M. Bonaquet de renoncer à la fortune considérable dont elle était en possession par son premier mariage.

Puis, s'adressant à Héloïse avec un accent de profonde déférence, M. de Saint-Géran ajouta :

— Veuillez croire, Madame, qu'en disant ici très haut la noblesse, la générosité de votre conduite et de celle de M. Bonaquet envers moi, j'obéis moins encore à un sentiment de reconnaissance qu'au besoin de donner à l'homme si honorable que vous avez choisi un témoignage public de ma respectueuse estime.

— Bien, monsieur de Saint-Géran, — dit Héloïse en tendant la main au jeune homme; — très bien! je vous remercie.

Il y eut alors un nouveau et profond silence de quelques secondes.

Malgré leurs préjugés implacables, malgré leurs préventions enracinées, un grand nombre de témoins de cette scène ne purent s'empêcher de subir l'influence du caractère courageux et loyal de Bonaquet, et tout en persistant dans leur manière de voir à l'endroit de la monstrueuse mésalliance d'une marquise et d'un médecin, ils s'avouèrent, du moins, que M. et madame Bonaquet avaient fait preuve de convenance, d'à-propos et de fermeté dans cette délicate occurrence.

Le prince et la princesse, sentant tout ce que leur position avait de pénible, étaient au supplice.

Héloïse eut pitié d'eux et dit à madame de Morsenne, avec une dignité froide :

— Adieu, ma cousine; la vie retirée à laquelle M. Bonaquet et moi nous nous consacrons par goût, m'aurait empêché de continuer nos anciennes relations de famille et de société, lors même que l'incident de ce soir ne les rendrait pas désormais impossibles pour nous ; j'emporte du moins la certitude que vous regrettez votre démarche irréfléchie, qui seule nous a amenés chez vous, ce soir, M. Bonaquet et moi.

Et faisant alors une demi-révérence pleine de noblesse et de grâce, Héloïse s'apprêtait à quitter le salon ; mais soudain la jeune duchesse de Beaupertuis, qui durant cette scène avait gardé le silence et paru en proie à des émotions diverses (dont aucune n'avait échappé à la pénétration de Ducormier), se détacha du cercle, et s'approchant de madame Bonaquet, lui dit d'un ton ému et pénétré :

— Je vous supplie, Madame, de ne pas quitter cette maison sans me pardonner un outrage dont je sens à cette heure la honteuse injustice, et dont je vous demande excuse, car c'est moi...

— Ma chère Diane, — reprit Héloïse avec son doux et fin sourire, en interrompant la duchesse, — M. Bonaquet vous dira que le seul défaut que nous ayons trouvé à votre circulaire était d'y voir figurer notre nom. Sauf cette erreur, nous n'aurions eu qu'à vous complimenter sur une idée qui, employée plus à propos, serait d'une dignité parfaite.

M. de Morsenne, désirant autant que possible réparer la grossièreté de son accueil envers les nouveaux mariés, dit à Héloïse d'un air contraint et formaliste, en la voyant sur le point de quitter le salon :

— Vous me permettrez, ma cousine, d'avoir l'honneur de vous offrir mon bras ?

— Je prendrai celui de M. de Saint-Géran, si vous voulez bien me le permettre, — répondit la jeune femme au prince, afin de lui faire sentir, par ce refus, qu'il ne suffisait pas d'un acte de politesse banale pour racheter une conduite outrageante.

Madame Bonaquet, se disposant à sortir du salon, chercha son mari du regard : elle le vit pâle, immobile, les traits empreints d'une douleur et d'une angoisse profondes.

— Mon ami, — lui dit-elle à demi-voix en prenant le bras de Saint-Géran, — venez-vous?

Jérôme, rappelé à lui par la voix de sa femme, tressaillit et la suivit presque machinalement dans la longue galerie qui conduisait au premier salon.

— Mon Dieu, mon ami, qu'y a-t-il? — lui dit tout bas Héloïse avec anxiété, — vous avez les larmes aux yeux.

— Il était là! — répondit Jérôme d'une voix étouffée, — je l'ai aperçu se cachant dans cette foule, au lieu de venir à nous.

— De qui parlez-vous donc?

— D'Anatole, — répondit Jérôme abattu.

— Lui, ici ! — dit Héloïse avec un accent de surprise et de dédain. — Et il est resté loin de vous ! Ah ! c'est lâche... bien lâche !

— Maintenant, — reprit Jérôme consterné, — tout espoir de le ramener est perdu. Après un tel abandon, sa présence me serait odieuse.

Et Jérôme marcha silencieux, accablé, à côté de sa femme.

M. de Saint-Géran, qui donnait le bras à Héloïse, avait, en homme bien élevé, paru ne prêter aucune attention aux quelques paroles précédentes échangées à voix basse entre Jérôme et sa femme.

Nos trois personnages arrivèrent alors dans le premier salon, au fond duquel se trouvait un magnifique paravent de laque de Coromandel, cachant une porte de dégagement.

Cette porte venait de s'ouvrir au moment où monsieur de Saint-Géran s'arrêtant, ainsi qu'Héloïse, à peu de distance du paravent, disait à la jeune femme :

— Madame, daignez m'accorder quelques instants, j'ai une grâce à vous demander.

— Parlez, je vous prie, monsieur de Saint-Géran, la loyauté de votre conduite de ce soir redouble encore mon estime pour vous.

— M. Bonaquet m'avait fait espérer qu'il

serait mon interprète auprès de la mère de mademoiselle Duval. Le mariage dont nous avons parlé comblerait mes vœux. C'est à vous que je dois la pensée de cette union, madame... Achevez votre ouvrage, et je vous en aurai une éternelle reconnaissance...

— La mauvaise santé de madame Duval avait empêché mon mari de lui parler jusqu'ici de nos projets ; mais, grâce à Dieu, elle va beaucoup mieux, et je vous promets, monsieur de Saint-Géran, que M. Bonaquet s'occupera très prochainement de ce que vous désirez, il fera tout au monde pour réussir.

— Ah ! madame, s'il réussit, je vous devrai le bonheur de ma vie.

— Il ne dépendra pas de moi que vos vœux ne soient réalisés, pour le bonheur de madame Duval et pour le vôtre.

M. de Saint-Géran ayant été obligeamment demander le vieux domestique qui avait accompagné Héloïse, celui-ci fit avancer la voiture de remise que Jérôme avait louée pour ce soir-là, et les nouveaux mariés quittèrent l'hôtel de Morsenne.

Anatole Ducormier avait cédé à un remords de honte en voyant Jérôme et sa femme quitter avec tant de dignité cette réunion d'abord si hostile à leur égard. Connaissant déjà les êtres de l'hôtel, il était précipitamment sorti de l'un des salons par un corridor de dégagement qui aboutissait à la pièce d'entrée, où il espérait devancer Jérôme et sa femme et leur demander pardon de son indigne abandon ; mais madame Bonaquet causait avec M. de Saint-Géran au moment où Anatole, encore caché par le paravent qui masquait la porte dérobée, allait paraître ; aussi, n'osant pas aborder Jérôme en présence d'un étranger, Ducormier, restant invisible, entendit la promesse faite par Héloïse à M. de Saint-Géran au sujet de mademoiselle Duval.

VI

VI

Le lendemain du jour où Bonaquet et sa femme s'étaient si dignement présentés chez la princesse de Morsenne, Anatole Ducormier, après avoir travaillé dans la matinée avec le prince, se promenait pensif dans le vaste et superbe jardin de l'hôtel ; le froid s'était adouci, le soleil brillait comme aux beaux jours du printemps.

Anatole venait d'entrer dans une sorte de labyrinthe d'arbres verts, séculaires, touffus et ombreux, lorsqu'il entendit le sable de l'allée légèrement crier derrière lui ; il se retourna et se trouva en face de madame de Beaupertuis. Elle portait, avec sa grâce accoutumée, une élégante toilette du matin. Anatole salua respectueusement la jeune femme, et afin de ne pas gêner sa promenade, il se disposait à prendre une allée latérale, lorsque Diane de Beaupertuis lui dit avec hauteur et d'une voix impérieuse :

— Monsieur, un mot.

Ducormier s'arrêta, s'inclina et attendit.

— Monsieur, — reprit la duchesse, — je

trouve très singulier de vous voir établi dans la maison de mon père.

— Je trouve aussi cela fort singulier, madame la duchesse.

— Depuis votre arrivée ici, monsieur, j'ai en vain cherché l'occasion de vous parler quelques instants sans témoins.

— Je suis à vos ordres, madame.

— Ce que j'ai à vous dire, monsieur, sera d'ailleurs très court et très simple : il ne me convient pas que vous habitiez ici, vous n'y resterez pas.

— Dès que le prince m'aura signifié mon congé, madame, j'obéirai.

— Il est parfaitement inutile de faire intervenir mon père en tout ceci, monsieur. Il est inimaginable qu'en vingt-quatre heures il se soit décidé à vous prendre pour secrétaire; il a eu nécessairement pour cela des raisons, de graves raisons ; aussi, n'est-ce pas à lui que je m'adresserai pour obtenir votre départ de cette maison.

— Et à qui donc, madame ?

— A vous, monsieur.

— Et quel dommage vous cause ma présence ici, madame ?

— Monsieur, vous savez parfaitement que je suis la personne avec qui vous vous êtes longuement entretenu au bal de l'Opéra dans la nuit de jeudi.

— Et qui m'avait fait l'honneur de me donner pour cette nuit rendez-vous à ce même bal?

— Oui, monsieur; c'est précisément parce que j'ai eu avec vous l'entretien dont je vous parle, c'est précisément parce que je vous ai donné ce rendez-vous, qu'il ne me convient pas que vous demeuriez ici.

— Je suis assez malheureux, madame la duchesse, pour ne comprendre ni le sens ni le but de vos paroles; pardonnez à mon défaut d'intelligence...

— Je vous engage, monsieur, dans l'intérêt de votre amour-propre, et vous en avez, je crois...

— Beaucoup, madame.

— Je vous engage donc à ne pas me forcer de m'expliquer plus clairement.

— Je sais tout entendre, madame.

— Peut-être, monsieur.

— Essayez, madame.

— Eh bien, monsieur, il ne me plaît pas que vous restiez ici, parce qu'il m'est particulièrement désagréable d'être exposée à rencontrer chaque jour un homme à qui j'ai parlé, et qui m'a répondu avec la licence que le masque autorise, lorsqu'il se fait que cet homme est aux gages de mon père.

— Le motif que vous me donnez là, madame, — répondit froidement Anatole, —

est assez vraisemblable... mais il en est d'autres...

— Monsieur Ducormier se permet de douter de mes paroles ?

— Mon Dieu, madame, monsieur Ducormier est par habitude très-observateur, assez pénétrant ; il voit ce qu'il voit... il sait ce qu'il sait.

— Et que voit, et que sait monsieur Ducormier ?

— Une chose fort simple, madame. Les divers incidents de notre rencontre, notre conversation de l'autre nuit, la liberté de paroles qui s'en est suivie, vous font craindre, dites-vous, qu'appelé à vivre dans cette maison, je ne m'autorise de quelques instants d'une familiarité due au hasard pour ne pas vous rendre tous les humbles respects que vous doit le secrétaire à gages de monsieur votre père. Cette crainte n'est pas fondée, madame ; ce que vous redoutez plutôt, le voici : c'est que votre éclatante beauté, votre esprit, votre charme, ne me rendent passionnément amoureux de vous. Or, rien de plus insupportable, en effet, pour une femme de votre rang, surtout de votre caractère, madame, que de rencontrer chaque jour un homme très-épris, mais si bassement placé, qu'on ne peut même descendre à s'amuser, par coquetterie, de cette ridicule passion ; mais... rassurez-vous, madame.

— Que je me rassure ! — reprit Diane avec un redoublement de hauteur.—Croyez-vous donc, monsieur, que je vous ai supposé capable d'une pareille insolence ?

— Oui, madame, je le crois.

— Monsieur !...

— Sans cela, madame, vous ne m'ordonneriez pas de quitter cette maison.

— Voilà qui devient d'une audace...

— Non, madame, ce n'est pas de l'audace, c'est de la logique. Vous vous ennuyez à la mort ; aucun des hommes qui vous entourent et vous recherchent ne vous plaît ; vous êtes pourtant vaguement tourmentée du besoin d'aimer ; votre orgueil est votre vertu ; je sais, j'ai deviné tout cela, lors de notre entretien de l'autre nuit. Or, il est assez naturel que me supposant moins pénétré que je ne le suis de l'humilité de ma condition, vous me croyiez capable d'oser lever les yeux sur vous, madame, et d'être assez sottement aveugle pour compter peut-être sur votre isolement, sur votre ennui, et jusque sur ma position dans cette maison, qui rendrait une liaison aussi commode qu'ignorée ; la seule pensée d'une pareille insolence de ma part vous révolte, madame, et pour vous débarrasser de cette ennuyeuse appréhension, vous m'ordonnez de sortir de cette maison. Mais, je vous le répète, mais, je vous en conjure, rassurez-vous, madame ; j'ai le cœur mort à toute passion, à tout amour ; je ne suis pas de ces pauvres fous qui deviennent amoureux des étoiles ; en un mot, à défaut de savoir-vivre, j'ai trop de bon sens pour ne pas comprendre que l'humble secrétaire à gages de M. le prince de Morsenne doit à jamais oublier l'entretien du bal de l'Opéra. Daignez me croire, madame ; s'il m'est permis de continuer de vivre ici, je n'aurai qu'un seul but : faire en sorte que vous ne vous aperceviez jamais de ma présence.

— Monsieur, — dit Diane, touchée de l'accent mélancolique et résigné d'Anatole, en prononçant ces dernières paroles, — il me serait pénible de vous...

— De grâce, madame... un dernier mot... Si vous l'exigez, je m'éloignerai, je sacrifierai, non sans regrets, je vous l'avoue, la position inespérée que j'avais trouvée auprès de M. votre père ; je suis sans fortune, sans protection ; la bienveillance du prince, justifiée par mon zèle et mon travail, pouvait un jour assurer mon avenir... Je vous dis cela sans honte ; je ne rougis pas d'être pauvre... et d'avouer que j'ai besoin d'appui. Aussi, madame, — ajouta Ducormier avec un accent triste et pénétrant, — je vous aurais une inaltérable reconnaissance, si vous étiez assez généreuse pour essayer de vaincre la répugnance que je vous inspire... m'engageant sur l'honneur, mon seul bien, à mériter votre oubli à force de dévoûment et de respect...

— Il m'est sans doute pénible, monsieur, d'entraver votre carrière, — répondit Diane de Beaupertuis en contraignant son émotion croissante, — mais, je vous l'ai dit... votre présence... dans cette maison...

— Pas un mot de plus, madame, vous serez obéie; le prince est chez lui, je vais à l'instant résigner mes fonctions.

Et Anatole, après s'être incliné devant madame de Beaupertuis, quitta lentement l'allée du labyrinthe.

La jeune femme semblait agitée par une violente lutte intérieure ; enfin, cédant à une pensée d'abord vivement combattue, elle s'écria au moment où Anatole disparaissait au détour de l'allée :

— Monsieur Ducormier !

Anatole se retourna, sa physionomie était grave et affligée ; il s'avança vers madame de Beaupertuis et lui dit tristement :

— Que désirez-vous, madame ?

— Je serais désolée, monsieur, que vous me crussiez assez égoïste pour briser votre avenir pour un simple caprice.

— Je ne vous accuse pas, madame ; je vous obéis...

— En me maudissant ?...

— Il y a longtemps, madame, que je ne maudis plus ceux qui me blessent.

— Vous les méprisez ?

— Je les plains, madame ; ils perdent en moi un dévoûment sûr et fidèle.

— Et ils se font de vous un dangereux ennemi ?

— Je suis de ceux que l'on peut, madame,

écraser sans crainte et sans danger. L'habitude de souffrir m'a rendu clément.

— Monsieur Ducormier, — reprit madame de Beaupertuis après un moment de silence, — peut-on croire à votre parole ?

— C'est en douter que de me faire cette question, madame.

— C'est juste, j'ai eu tort; eh bien ! promettez-moi de répondre avec sincérité à une question.

— Je vous le promets, madame.

— Sur l'honneur ?

— Sur l'honneur.

— A quoi attribuez-vous mon désir de vous voir vous éloigner d'ici ?

Et la jeune femme, tâchant de lire au plus profond de la pensée d'Anatole, ajouta :

— Répondez-moi en toute franchise, en toute sécurité. Je pardonne l'audace ; jamais le mensonge.

— Je vous ai dit, madame, que...

— Oui, vous m'avez dit que je craignais de vous voir ou impertinemment familier ou ridiculement amoureux ; mais, soyez franc, ce n'est pas à cette raison que vous attribuez mon désir de vous éloigner d'ici.

— Question pour question, madame ?

— Soit !

— Franchise pour franchise ?

— Soit encore !

— Est-il vrai, madame, que ce qui s'est passé hier soir entre le docteur Bonaquet et plusieurs personnes de votre famille ait été pour beaucoup dans votre résolution de me faire quitter cette maison ?

La jeune femme tressaillit, rougit et répondit, confondue de la pénétration de Ducormier :

— C'est la vérité, monsieur.

— Est-il vrai, madame, qu'en voyant M. Bonaquet et sa femme faire preuve de tant d'à-propos, de courage et de noblesse, vous ayez compris, pour la première fois peut-être, qu'une femme de haute naissance pouvait, non pas s'abaisser, mais s'honorer en aimant un homme de rien, pourvu que cet homme fût digne d'un tel amour?

— C'est la vérité, monsieur.

— Il me serait maintenant plus facile, madame, de répondre à votre dernière question, si...

— Si...

— Si vous étiez capable d'entendre sans colère, sans dédain, la réponse que vous avez provoquée.

— Je vous l'ai dit, monsieur, je pardonne à l'audace, jamais au mensonge ou à l'hypocrisie. Je vous ai demandé la vérité, je vous saurai gré d'être sincère.

— Il se peut, madame, que ma franchise cause fatalement ma sortie de cette maison et brise mon avenir ; il n'importe, je ne reculerai jamais devant un appel fait à ma sincérité.

— Je vous écoute, monsieur.

— Eh bien ! madame, tout à l'heure, espérant être compris, je vous disais en manière de contre-vérité que vous désiriez m'éloigner, de crainte que je ne devinsse épris de vous, madame... Ce que j'aurais dû dire, c'est que vous craigniez que l'ennui, l'isolement, la facilité, le hasard, le caprice et surtout la profonde impression que vous a causée la scène d'hier soir, ne vous amènent peut-être un jour, par désœuvrement, à abaisser vos yeux jusqu'à moi, si indigne que je me reconnaisse d'une pareille faveur; car je vous le répète, madame, mon cœur est mort pour l'amour. En un mot, vous voulez m'éloigner, non dans la prévision d'un danger prochain, mais dans la vague appréhension d'un danger possible et lointain... Mais, tenez, madame, à cette heure, je le reconnais après ces paroles d'une téméraire franchise, il est impossible que je reste plus longtemps dans cette maison. Puisse ce sacrifice, madame, me faire pardonner la sincérité que vous avez exigée de moi !

— Diane, ma chère, où êtes-vous ? — dit tout à coup une voix grêle et glapissante en s'approchant du labyrinthe.

— C'est M. de Beaupertuis, — reprit la jeune femme.

Et comme Anatole semblait vouloir s'éloigner, Diane ajouta :

— Restez et suivez-moi.

Puis, tout en marchant à la rencontre de son mari, madame de Beaupertuis dit à Anatole très bas et très vîte :

— A une heure, cette nuit, au bal de l'Opéra, dans le corridor des secondes. Mettez un domino; ayez un ruban rouge et blanc à votre manche, j'aurai le pareil.

Diane achevait à peine ces mots, lorsqu'elle se trouva en face de son mari.

Le duc de Beaupertuis était un tout petit homme, maigre, blondasse, chafouin, avec de gros yeux bleuâtres à fleur de tête; sa chevelure en désordre s'échappait d'une calotte de velours noir crasseuse ; sa barbe, jaunâtre et longue de deux ou trois jours, pointait drue sous sa peau terreuse ; il portait une redingote du matin en flanelle grise, fort malpropre.

— Je savais, ma chère, vous trouver au jardin, — dit M. de Beaupertuis en s'adressant à sa femme, — et je venais...

Mais apercevant Anatole, qui, par discrétion, se tenait à quelque distance de la jeune femme, M. de Beaupertuis s'interrompit en regardant Diane d'un air étonné et interrogatif.

Celle-ci lui dit alors en lui présentant Anatole :

— M. Ducormier, le nouveau secrétaire de mon père; et se retournant vers Anatole, elle ajouta :

— M. de Beaupertuis.

Anatole salua respectueusement le duc, qui dit à sa femme :

— Tiens ! votre père a un nouveau secrétaire ? je ne le savais pas.

—Votre ignorance n'a rien de surprenant, monsieur,— reprit Diane en souriant,— car voici, je crois, trois jours que vous n'êtes sorti de chez vous, pas même hier soir, quoique ce fût le jour de réception de ma mère.

— Ah ! ma chère, c'est qu'aussi si vous saviez, — reprit le duc en levant les yeux au ciel avec jubilation, — ces *pamphylochromoresinum*, ils sont inouis, incroyables !

— Je ne sais, monsieur, ni de qui ni de quoi vous voulez parler.

— Je parle de ces scarabées, mâle et femelle, que j'ai reçus d'Alger ; ce sont des *pamphylochromoresinum* de la plus rare espèce.

Et s'adressant alors à Anatole.

— Monsieur a-t-il quelques connaissances en histoire naturelle ?

— Très imparfaites, monsieur le duc.

— Mais vous en possédez toujours assez pour vous intéresser aux phénomènes naturels ?

— Certainement, monsieur le duc, rien de plus intéressant que ces études, même pour des profanes comme moi.

— A la bonne heure! — reprit le petit homme enchanté; — c'est ce que je ne cesse de répéter à madame de Beaupertuis; on peut, sans être savant, s'intéresser aux phénomènes naturels; oui, ma chère, et je venais justement vous faire part de la plus curieuse observation du monde, — ajouta M. de Beaupertuis d'un air capable et triomphant.
— Savez-vous les mœurs des *pamphylocromoresinum?* Je viens de passer trois jours à les observer, mais il me faudrait, pour vous faire bien comprendre la chose, un fort tronc d'arbre auquel je puisse me cramponner, — ajouta M. de Beaupertuis en jetant les yeux

autour de lui d'un air affairé, afin de trouver le moyen de compléter sa mimique; mais madame de Beaupertuis, fort peu curieuse de cette pantomime, dit à son mari :

— Vous m'excuserez, monsieur, mais je n'ai, vous le savez, aucun goût pour l'histoire naturelle. M. Ducormier sera, je n'en doute pas, très-heureux de vous entendre.

— Mais, ma chère, permettez-moi seulement de vous figurer...

— Je vous prie de me laisser tranquille et de me faire grâce d'une pareille représentation, — dit madame de Beaupertuis en s'éloignant et laissant Anatole aux mains de l'impitoyable amateur de scarabées, qui se mit à raconter à Ducormier des observations si étranges, si saugrenues, sur les mœurs privées des scarabées, qu'Anatole comprit à merveille l'éloignement de Diane pour ces inconcevables révélations physiologiques.

Heureusement, au bout de dix minutes, M. de Morsenne, accompagné d'un de ses amis, vint arracher Anatole à son patient martyre.

— Monsieur Ducormier, — lui dit le prince, — je vais à la Chambre des Pairs. Vous me préparerez ma correspondance, je la verrai à mon retour. — Et il ajouta d'un air significatif : — Vous n'oublierez pas la *commission que vous savez ?*

— Non, prince ; je vais sortir à l'instant pour m'en occuper.

— Ainsi, vous m'en rendrez compte tantôt à mon retour de la Chambre?

— Oui, prince, — répondit Anatole en s'inclinant; et il s'éloigna prestement, enchanté d'échapper aux confidences scientifiques de M. de Beaupertuis.

Celui-ci avisant alors le prince et son ami, lui dit :

— Mon cher beau-père, il faut que je vous fasse part d'une observation très curieuse que je...

— Mon cher duc, — répondit le prince en s'encourant avec terreur, — je n'ai malheureusement pas un instant à moi, sans cela je vous ferais une rude guerre à cause de votre sauvagerie. Voici trois jours que l'on ne vous voit point. Pour Dieu, devenez donc plus sociable, et abandonnez un peu les insectes pour les humains.

Et M. de Morsenne laissa le duc de Beaupertuis, qui, haussant les épaules de pitié, retourna s'enfermer avec ses chers scarabées, pendant qu'Anatole Ducormier se rendait au magasin de Maria Fauveau, qu'i n'avait pu rencontrer la veille.

VII

VII

Lorsque Ducormier entra dans le magasin du *Gagne-Petit,* Joseph Fauveau était seul à son comptoir; il parut si embarrassé, si mécontent à la vue de son ami, que celui-ci fut frappé de la froideur de cet accueil, mais il parut ne pas s'en apercevoir, tendit cordialement la main à Joseph et lui dit :

— Bonjour, ami; comment se porte ta chère femme?

— Ma femme est chez sa mère, — répondit sèchement Fauveau sans prendre la main que lui offrait Anatole.

Celui-ci regarda Joseph avec surprise et reprit :

— Qu'as-tu donc? tu me reçois d'une façon étrange!

— C'est que je ne sais pas dissimuler, moi.

— Dissimuler, quoi?

— Écoute, Anatole, je n'ai pas ton esprit, je n'ai que mon gros bon sens, et mon bon sens me dit que tu te conduis mal pour toi et pour tes amis ; or, je t'aime encore assez pour sentir que désormais je ne te verrai plus chez moi avec plaisir.

— Tes paroles me surprennent... D'où vient ce changement? Voyons, sois franc, Joseph. T'aurais-je blessé à mon insu?

— Oh! tu blesses tes amis en sachant très bien que tu les blesses, toi.

— Et comment? Et quand cela?

— J'ai dîné avant-hier avec Bonaquet et sa femme. Nous t'avons attendu toute la soirée en nous félicitant de ton retour au bien, car Jérôme nous avait instruits de ta résolution et de ta promesse... de ta promesse d'honneur de venir vivre auprès de lui. Tu as manqué à ta parole. Tu t'obstines à un genre de vie qui finira mal pour toi. Tu es libre; mais aussi tes vrais amis sont libres de t'éviter après avoir, comme Jérôme, tout tenté pour te ramener.

— Mon bon Joseph, ta sévérité, loin de me blesser, me prouve ton affection, et de cette affection je ne suis pas indigne. Sais-tu pourquoi j'ai manqué à la parole que j'avais donnée à Jérôme?

— Peu importe la cause. Tu as menti à ta parole, et c'est mal. Jérôme en a été affligé jusqu'aux larmes.

— La cause de mon manque de parole n'est pas indifférente, surtout pour toi, Joseph; car si, comme tu le dis, j'ai menti à ma promesse, c'est dans ton intérêt.

— Dans mon intérêt, à moi !

— Oui, car il s'agit de ce que tu as de plus précieux, de plus cher au monde... entends-tu, Joseph !... de plus cher au monde.

— Anatole, je ne sais pas ce que tu veux dire, — reprit Fauveau tout surpris.

Puis il ajouta en réfléchissant et répétant les paroles de son ami :

— Ce que j'ai de plus précieux, de plus cher au monde... mais c'est Maria !

— Et tu as raison de penser ainsi, mon bon Joseph, ta femme est un trésor, mais les trésors...

— Achève donc!... les trésors!...

— Font des envieux.

— Des envieux, — reprit Fauveau en regardant son ami avec une surprise croissante. — Comment des envieux?

— Hélas! oui, mon bon Joseph.

— Tiens, Anatole, je ne sais pas ce que tu veux dire. Si c'est une plaisanterie, je te préviens que, même de toi, je ne la souffrirais pas, car j'ai pour Maria autant d'adoration que de respect... et si tu avais le malheur de...

— Joseph... tu ne me comprends pas... Ai-je l'air de plaisanter?

— Non, c'est vrai ; mais alors explique-toi... pour l'amour de Dieu, explique-toi ! Je ne sais pourquoi, je me sens déjà le cœur tout serré...

— Joseph, je viens te rendre un grand service ; mais ce service... je ne peux te le rendre qu'à une condition...

— Une condition... à un service? et tu te disais mon ami?

— Il m'est impossible de t'être utile sans une condition.

— Enfin, quelle est-elle?

— Donne-moi ta parole d'honnête homme... de ne pas répéter à Bonaquet un seul mot de ce que je vais te confier.

Fauveau regarda son ami d'un air méfiant, et reprit :

— Il s'agit d'une chose mauvaise, puisque tu veux la cacher à Jérôme.

— Il s'agit de prévenir peut-être de grands malheurs, — répondit Anatole d'une voix grave et solennelle.

— De grands malheurs? et cela regarde Maria ?

—Oui, mais pour conjurer ce que je crains il faut, je te le répète, que Jérôme ignore ce que je vais te confier ; qu'il ignore même que nous nous sommes revus.

— Jamais je ne mentirai à mon meilleur ami ; jamais je ne dissimulerai avec lui.

— Alors, adieu, Joseph.

— Anatole, tu ne sortiras pas d'ici que tu ne te sois expliqué ! — s'écria Fauveau d'un air presque menaçant ; — il ne s'agit pas, vois-tu de venir vous jeter l'inquiétude dans le cœur, et puis de s'en aller ; je t'ai dit que ce que j'avais de plus cher et de plus précieux au monde, c'était Maria ; tu m'as répondu que j'avais raison parce qu'elle était un trésor, mais que les trésors faisaient des envieux, voilà tes propres paroles. Il y a donc quelque chose là-dessous, et je ne suis pas un crétin, non plus !

— Il y a là-dessous un grand service que je puis te rendre, mais il faut que tu me gardes le secret envers Jérôme, que je continue d'aimer comme le meilleur, comme le plus noble des hommes; mon manque de parole a dû le blesser, mais, je te le répète, mon attachement pour toi en est la seule cause.

— Tiens, Anatole, — reprit le pauvre Joseph, dont l'inquiétude et la curiosité pleine d'angoisse croissaient à chaque instant, — tu le vois, la sueur me coule du front à la seule pensée d'un danger qui menace Maria. Voyons, sois bon; n'abuse pas de ta supériorité. Tu sais que pour l'esprit et les moyens, je ne suis qu'une buse auprès de toi. Anatole, serais-tu capable de me tourmenter à plaisir, de me jeter dans une fausse démarche envers Jérôme? Mon Dieu! mon Dieu! tu sais ce que tu veux de moi, et moi je n'en sais rien; tu as tout l'avantage. Que veux-tu que je te dise? tu me touches au plus vif du cœur en m'inquiétant sur Maria ; par ce moyen-là tu me feras dire et faire tout ce que tu voudras, ne m'oblige donc pas d'avance à une promesse dont je serai peut-être ensuite désespéré, car tu me connais, si je te donne ma parole elle sera bien donnée... je mourrai plutôt que de la trahir.

— Cher et bon Joseph, — reprit Anatole en serrant entre les siennes les mains de son ami — s'il ne s'agissait que de toi, je ne te demanderais pas un silence absolu envers Jérôme ; mais...

— Tiens, Anatole, — reprit Fauveau en portant ses deux mains à son front brûlant, — je ne peux résister à ce que j'endure ; je te promets tout ce que tu voudras, mais rassure-moi ; je te jure sur l'honneur de ne rien dire à Jérôme, et de lui cacher que nous nous sommes revus. Mais parle ! au nom du ciel ! parle !

— Eh bien, donc, mon bon Joseph, écoute-moi. J'étais, en effet, convenu avec Jérôme de quitter mon ambassadeur et de renoncer à un monde où je n'avais trouvé qu'humiliation et dédains.

— Mais Maria ! mais Maria !

— Un peu de patience : avant-hier matin, je quittai Jérôme dans la ferme résolution de me fixer auprès de lui et de suivre ses conseils ; je voulus seulement remplir une dernière mission dont mon ambassadeur m'avait chargé ; je me rendis donc chez un grand seigneur, chez un prince à qui je devais remettre des lettres de Londres.

— Mais encore une fois, et Maria?

— J'y arrive... Tu te souviens qu'au bal de l'Opéra... un homme en domino vous a longtemps suivi, ta femme et toi?

— Oui. Eh bien! après?

— Tu ignores que, pendant que tu étais allé chercher ton manteau, et que je suis resté auprès de ta femme, ce même domino, descendu en même temps que nous, nous a longtemps regardé, ta femme et moi.

— Ensuite, ensuite!

— Ce domino était le prince chez qui je

me suis rendu avant-hier matin pour porter les lettres de mon ambassadeur.

— Mais, Maria! — reprit ingénument Fauveau, dont la pénétration était lente, — tu m'avais dit que tu allais arriver à ce qui la regardait?

— J'y suis arrivé, mon bon Joseph; car, je te le répète, le domino qui vous avait si obstinément suivis au bal de l'Opéra était le prince dont je te parle, et s'il a obstinément suivi ta femme, c'est que....

— C'est que?...

— C'est qu'il en est amoureux.

— Comment! amoureux! pour l'avoir vue cette nuit-là au bal masqué?

— Pour l'avoir vue ici, à son magasin, devant lequel le prince passe et s'arrête depuis longtemps presque tous les jours.

— Ah! il passe et il s'arrête devant la boutique presque tous les jours ! — dit Joseph d'une voix altérée. — Comment sais-tu cela?

— Parce qu'il me l'a dit.

— Ce prince ?

— Oui.

— Et pourquoi t'a-t-il dit cela, à toi ?

— Parce que lorsque je suis allé chez lui, il m'a reconnu pour m'avoir vu rester auprès de ta femme pendant qu'elle attendait son manteau.

— Ah! il t'a dit comme cela tout de suite, et à propos de rien, qu'il était amoureux de Maria?

— Il me l'a dit, au contraire, à propos de quelque chose.

— Quelle chose?

Après un moment de silence, Anatole reprit :

— Ta femme ne t'a pas parlé de certaines propositions?

— Quelles propositions?

— Celles qu'on lui a faites le jour où tu étais de garde, et où j'ai dîné avec toi.

— Avant-hier?

— Oui.

— Des propositions ! — répéta Fauveau d'abord stupéfait ; puis devenant blême de colère et de douleur, il s'écria : — Anatole, prends garde à ce que tu vas dire !

Mais il retomba dans son fauteuil avec accablement et cacha sa figure entre ses mains en murmurant :

— Mon Dieu ! mon Dieu ! je n'ai pas une goutte de sang dans les veines. Qu'est-ce que tout cela signifie ?

— Cela sigifie, Joseph, — reprit Anatole d'une voix pénétrée, — cela signifie que ta femme est la meilleure, la plus vertueuse des femmes. Cela signifie que tu dois redoubler de tendresse et de respect pour elle, car elle a résisté à des tentations qui eussent séduit des cœurs moins élevés que le sien. Ah! Joseph, c'est une noble et digne créature que ta Maria ; elle t'aime vaillamment, et tu dois être fier d'une telle femme !

A ces paroles prononcées par Ducormier avec un accent de chaleureuse conviction, Fauveau releva soudain la tête, regarda son ami et reprit :

— C'est à en devenir fou ! je ne te comprends plus ; mais ce n'est donc pas une mauvaise nouvelle que tu as à m'apprendre ? Mon Dieu ! mon Dieu ! explique-toi ! Tu es donc sans pitié !

— De grâce ! un peu de calme, mon bon

Joseph ; écoute-moi sans m'interrompre, et tu comprendras tout: en deux mots, le prince est depuis longtemps amoureux de ta femme; il a su qu'avant-hier tu étais de garde ; il a envoyé ici un homme de confiance chargé de faire à ta femme les offres les plus magnifiques.

— Tonnerre de Dieu ! — s'écria Joseph furieux, hors de lui, en se précipitant vers la porte, — nous allons voir ça !

— Où vas-tu ? — dit Anatole en retenant son ami avec force ; — que veux-tu faire ?

— Lui casser les reins !

— A qui ?

— A ce prince !

— Tu ne le connais pas!

— Son nom! s'écria Fauveau effrayant de rage; — son adresse!

— Dans l'état où te voilà, crois-tu que je te la dirais?

— Son nom! s'écria Fauveau exaspéré en étreignant dans sa large et puissante main le bras d'Anatole, et il ajouta d'un air menaçant: — Son adresse! ou sinon...

Ducormier regarda froidement Joseph et lui dit:

— Moi, ton ami, tu me menaces?

— Le nom de cet homme! le nom de cet homme!

— Plus tard.

— Plus tard ! Mais tu crois donc que j'ai du sang de macreuse dans les veines ?

— Cette indignation, je la comprends, je la partage. Oui, je la partage tellement que je veux te venger, Joseph.

— Je n'ai besoin de personne, reprit Fauveau d'un air sombre et farouche ; — Ces affaires-là, on les fait soi-même !

— Non, parce qu'on les fait mal ou pas du tout.

— Oser faire des propositions à Maria, à ma femme ! — reprit Joseph ; et, s'interrompant, il frappa si violemment de ses deux poings sur le comptoir, qu'il l'ébranla. —

Tonnerre de Dieu ! Ah ! tout prince qu'il est, il aura de mes nouvelles !

— Joseph, veux-tu, oui ou non, continuer de m'écouter?

— Allons, parle ! — Puis Fauveau ajouta comme par réflexion et avec une navrante amertume : — Et Maria ne m'a rien dit, et ce jour-là je l'ai justement trouvée encore plus tendre, plus gaie, plus gentille que de coutume. Ah ! c'est la première fois qu'elle a manqué de confiance envers moi et qu'elle a été dissimulée.

— Tais-toi, Joseph, — lui dit Anatole d'un ton sévère ; — tu es injuste, tu n'entends rien au cœur des femmes ; la tienne a sagement agi en ne t'instruisant pas de propositions rejetées par elle avec le dernier mépris. Est-ce qu'une honnête femme vient jamais inquiéter ou irriter son mari par le récit de pareilles ignominies? Ta Maria s'est, dis-tu, montrée envers toi ce jour-là plus tendre que de coutume ; rien de plus naturel ; elle était, non pas fière, mais heureuse d'avoir accompli son devoir.

— Tu as peut-être raison, — reprit Fauveau avec accablement, — elle aura voulu m'épargner la rage et la douleur de songer qu'on a seulement osé supposer ma femme capable d'écouter ces infamies! elle... elle! la délicatesse même. Ah! je n'aurais jamais cru que cette ignoble pensée pût venir à quelqu'un!

— Et moi aussi je te l'aurais épargné, ce

chagrin, mon bon Joseph, si je n'avais su que le prince n'en resterait pas là de ses poursuites, et de telles poursuites sont toujours dangereuses.

— Comment! — s'écria Fauveau, et la colère et l'indignation vinrent encore enflammer ses traits, — mais il veut donc que je l'assomme!

— Veux-tu m'écouter, oui ou non ? veux-tu rester calme ?

— Continue.

— Je me suis donc hier matin rendu chez le prince pour remplir ma mission ; ceci fait, il a très adroitement amené la conversation sur le bal de l'Opéra de la veille, où il s'est rappelé, m'a-t-il dit, m'avoir vu causant avec une fort jolie femme ; il m'a demandé qui elle était. — La femme d'un de mes amis d'enfance, lui ai-je répondu. — Enfin, Joseph, il serait inutile et trop long de te dire comment le prince en est venu à me proposer… sais-tu quoi ?

— Achève.

— Il m'a proposé de parler de lui à ta femme, afin de… tu comprends ?

Fauveau regarda Ducormier avec une expression de défiance et de dégoût involontaire, garda un moment le silence et reprit :

— Quelle réputation as-tu donc pour que

l'on ose, à la première vue, te proposer de pareilles infamies? Pour qui passes-tu donc aux yeux de ces gens-là?

— Pour qui je passe, mon bon Joseph? — reprit Anatole avec un éclat de rire sardonique; — eh, pardieu! je passe pour ce que je suis; un pauvre diable de secrétaire, sans sou ni maille, fils d'un boutiquier; or, aux yeux de ce monde-là, un pauvre diable comme moi doit se trouver fort heureux d'être l'entremetteur d'un grand seigneur, moyennant quoi le grand seigneur assure sa protection à l'entremetteur; cela va tout seul et de soi-même. Oui, le prince m'a donné sa foi de gentilhomme que, si je lui facilitais la séduction de ta femme, ma fortune était assurée, mon ambition satisfaite, grâce à son tout-puissant crédit, car l'on a vu des hommes encore plus bas placés que moi devoir une élévation rapide à ces infâmes services.

— Anatole, je te ferais injure en m'étonnant de ce que tu as refusé cette ignominie.

— Tu te trompes, mon bon Joseph; je n'ai pas refusé.

— Que dis-tu?

— Ecoute encore... Te dire ce qu'il m'a fallu, vois-tu, d'empire sur moi-même pour ne pas cracher à la figure de cet homme...

— Tonnerre de Dieu! je l'aurais pilé sous mes pieds!

— Non, c'est un vieillard.

— Qu'est-ce que ça me fait, à moi! Oh! il y passera!

— Sois tranquille, tu seras vengé, Joseph... et terriblemeent, si tu m'aides!

— Je te l'ai dit, je me vengerai moi-même.

— Impossible!

— Impossible de lui casser les reins?

— Tu n'as aucune preuve contre le prince, il niera tout; it est très haut placé, très puissant. C'est un vieillard, te dis-je; le maltraiter, c'est t'exposer à un procès et à la prison.

— Parce qu'il a voulu séduire ma femme !

— Oui, c'est révoltant ; mais c'est ainsi. Réfléchis un peu, et tu verras que j'ai raison.

— Mais que faire alors ?

— M'écouter, nous entendre, et nous serons, je te le répète, cruellement vengés, toi, des indignes projets de cet homme sur ta Maria ; moi, de l'insultant mépris qu'il m'a témoigné en me croyant capable d'accepter son offre infâme.

A ce moment, la porte de la boutique s'ouvrit, madame Fauveau entra, et resta tout interdite, presque tremblante, à la vue d'Anatole.

VIII

VIII

Madame Fauveau connaissait trop la physionomie de son mari pour ne pas remarquer combien il paraissait sombre et agité ; elle attribua cette émotion à l'entretien qu'il venait sans doute d'avoir avec Ducormier.

Et elle éprouva une vive satisfaction en se disant que sans doute Joseph, suivant les avis réitérés du docteur Bonaquet, venait de faire entendre ou de déclarer à Anatole que désormais leurs rapports d'intimité devaient complètement cesser. Quelle fut donc la surprise de madame Fauveau, lorsqu'elle entendit Joseph lui dire d'une voix légèrement altérée :

— Maria, la domestique va rester au magasin pendant que nous monterons là-haut ; nous avons à causer, et ici nous serions dérangés par les acheteurs ; viens.

Ce disant, Fauveau sonna la jeune servante ; elle descendit de l'entresol, reçut les ordres de son maître, et celui-ci, accompagné de Ducormier et de Maria qui les suivait presque machinalement, monta dans le petit entresol situé au-dessus du magasin.

Joseph ferma la porte de la chambre à coucher où allait se passer la scène suivante.

Maria, n'osant lever les yeux sur Anatole, ôta son châle et son chapeau : sa délicieuse petite figure ordinairement si rose, si franche, si éveillée, était déjà un peu pâlie et avait alors une expression mélancolique qui lui donnait un charme nouveau ; parfois ses grands yeux étonnés et attristés s'attachaient sur son mari avec inquiétude, attendant qu'il s'expliquât. Enfin il lui dit d'un air chagrin et contenu :

— Maria, je ne veux pas te faire des reproches, car tu as agi selon toi pour le mieux ; mais enfin tu m'avais caché qu'un misérable avait osé t'envoyer ici un homme pour... — Puis la colère de Joseph se réveillant à la pensée de cet outrage, il frappa du pied avec fureur et s'écria : — Vieux gredin ! quel front !

Maria devina de quoi il s'agissait et reprit avec l'expression d'une surprise profonde :

— Comment ! Joseph, tu sais...

— Oui, Maria, oui, je sais... je sais tout...

— Eh bien ! c'est justement à propos de cela que je suis sortie ce matin.

— Que veux-tu dire ?

— Ma première idée avait été, vois-tu, Joseph, de ne pas te parler de cette sotte et vilaine aventure ; car tu penses bien que j'ai reçu cet homme comme il le méritait.

— Anatole me l'a dit.

— M. Anatole ! — reprit Maria stupéfaite, — mais comment sait-il ?...

— Je t'expliquerai cela tout-à-l'heure. Continue.

— Je te disais donc, mon bon Joseph, que j'avais d'abord résolu de ne te parler de rien, car si jusqu'ici je t'ai toujours raconté, afin d'en rire à nous deux, les bêtes de déclarations que me faisaient quelques-unes de nos pratiques, cette fois il s'agissait d'argent, et c'était si ignoble que j'ai craint de t'affliger ; cependant, comme l'on peut se

tromper, hier j'ai tout raconté à maman afin d'avoir son avis ; elle m'a répondu que je faisais bien de me taire là-dessus ; au lieu de te chagriner inutilement, j'ai suivi son conseil; pourtant, mon bon Joseph, je me sentais le cœur tout serré depuis que je te cachais quelque chose ; cela me pesait comme un remords ; aussi, ce matin, j'ai retourné chez maman pour la consulter encore. « S'il en est ainsi, mon enfant, s'il t'en
« coûte d'avoir un secret pour ton mari,
« m'a-t-elle dit, raconte-lui la chose comme
« elle s'est passée. » Et c'est ce que j'allais faire en rentrant, mon ami.

— Je te remercie de ta confiance, — répondit Joseph d'un air contraint. — Je savais d'ailleurs, je le répète, grâce à Anatole, ce qui s'est passé.

— Mais, mon ami, — reprit Maria douloureusement frappée de l'air sombre de Joseph, que la vue de sa femme ne déridait pas, — comment M. Anatole a-t-il été instruit de ce que je n'avais confié qu'à maman ?

Joseph, en peu de mots, redit à sa femme ce qu'Anatole venait de lui raconter à lui-même.

Maria écouta ce récit avec autant de surprise que de dégoût; puis elle fit la même réflexion que Joseph, et regardant Anatole avec un mélange de crainte et de répugnance, elle s'écria involontairement :

— Ah ! Monsieur, ce prince avait donc de vous une opinion bien mauvaise, qu'il osait vous croire capable d'une telle infamie?

— Hélas! Madame, avez-vous été plus épargnée que moi, vous? Vous, mon Dieu! l'honneur, la délicatesse, la dignité même! dites, Madame? Votre adorable tendresse pour Joseph, votre pieuse affection pour votre mère, votre dévoûment angélique pour votre enfant, toutes ces vertus qui font le bonheur de Joseph, ont-elles été respectées? ont-elles empêché un misérable d'essayer de vous séduire par ses offres, de vous croire enfin, comme on m'a cru moi-même, capable d'accepter une proposition infâme?

— C'est vrai, monsieur Anatole, — répondit madame Fauveau frappée de ce raisonnement. — Ce n'est pas la faute des braves gens si les méchants les jugent mal.

— Et c'est si vrai ce qu'Anatole dit là, — reprit amèrement Fauveau, — c'est si vrai, que ma première pensée a été celle-ci : « Pour que l'on ait seulement osé faire une « pareille proposition à Maria, *il faut qu'il y « ait eu quelque chose...* de mauvais bruits ré- « pandus dans le quartier. »

— Ah ! Joseph, — reprit douloureusement la jeune femme, sans pouvoir retenir ses larmes, — c'est la première fois de ta vie que tu me dis un mot qui me blesse au cœur !

Et elle mit son mouchoir sur ses yeux.

— Allons, ne pleure pas, Maria, — reprit

Joseph avec un accent qu'il tâchait de rendre bienveillant, mais qui trahissait une défiance péniblement dissimulée. — Je ne te dis pas ce que je pense de cela maintenant... je le pensais tout à l'heure... Que veux-tu! l'on n'est pas maître de cela...

— Ah! madame, — reprit Anatole avec une expression de cruelle amertume, — voilà pourtant les résultats de ces tentatives infâmes! On les repousse de toute la hauteur de la vertu ou de l'honneur outragés, et pourtant les esprits les plus droits, les cœurs les plus nobles, vous et Joseph enfin, vous ne pouvez vous empêcher de dire : « Il faut qu'il y ait quelque chose. » Ah ! vous le voyez, le contact de la corruption a cela d'horrible qu'aux yeux même les moins prévenus, sa fange semble souiller ce qui est toujours resté pur. Aussi, haine, vengeance implacable contre ces misérables qui se font un jeu de ce qu'il y a au monde de plus sacré... le repos et l'honneur d'une femme.

— Oui, haine et vengeance! — répéta Fauveau dont la loyale figure se contractait douloureusement, et qui plusieurs fois évita les regards de Maria, de plus en plus surprise et alarmée. — Si la vengeance ne vous rend pas le repos, du moins ça console. Je souffre, mais je ne souffre pas seul.

— Et pourquoi souffrirais-tu, Joseph? — dit Maria contenant difficilement ses larmes. — Parce qu'une offre honteuse m'a été faite... Est-ce donc ma faute?

— Non, non, ce n'est pas ta faute, — répondit Fauveau avec une sorte d'impatience fébrile.

Puis, s'adressant à Anatole :

—Parlons vengeance ! parlons vengeance !

— Lorsque madame est entrée, — reprit Ducormier, — je te disais, mon ami, qu'il m'avait fallu un grand empire sur moi-même pour ne pas éclater à la proposition du prince. J'ai fait plus, j'ai accepté l'indignité qu'il me proposait.

— Vous, monsieur Anatole ! — s'écria Maria en joignant les mains avec stupeur; — vous avez accepté ?...

— Oui, madame, et j'ai fait quelque chose qui m'a coûté davantage encore, — ajouta

Ducormier avec une expression de regret navrant. — Au risque de perdre l'amitié de Jérôme... j'ai menti à la promesse que je lui ai donnéer... Aussi maintenant il me croit un homme sans cœur, sans parole... Plus tard, sans doute, il reconnaîtra son erreur ; mais en attendant, son cœur s'est refroidi pour moi, et quoique momentanée, la perte de l'estime d'un homme que j'aime, que je vénère autant... m'est cruellement douloureuse.

—Mais, monsieur Anatole,—reprit Maria, — qui vous a donc obligé à laisser M. Bonaquet dans cette erreur qui vous est aussi pénible qu'à lui ?

— L'intérêt de Joseph, le vôtre, madame, — répondit Ducormier avec une douce résignation, et je dois aussi vous l'avouer, le besoin de me venger en vous vengeant. J'ai donc accepté l'offre infâme du prince.

« Mais, lui ai-je dit, pour pouvoir parler en
« votre faveur à madame Fauveau, sans l'ef-
« faroucher tout d'abord, il serait indispen-
« sable que je remplisse auprès de vous une
« fonction intime... que je fusse, par exem-
« ple, votre secrétaire, cela me mettrait à
« même, toutes les fois que j'irais voir mes
« amis, de pouvoir, sans exciter l'ombrage
« de madame Fauveau, lui vanter votre gé-
« nérosité, votre esprit, votre toute-puis-
« sance, et peu à peu je l'amènerais peut-
« être ainsi, en la disposant bien pour vous,
« à vous écouter un jour; mais il faut du
« temps, prince, beaucoup de temps ; et en-
« core je ne réponds de rien, car madame
« Fauveau est la plus honnête des femmes

« et elle adore son mari, qui mérite cet
« amour. »

— Au fait ! Anatole, au fait ! — dit brusquement Fauveau, — où veux-tu en venir ?

— Tu vas le voir, mon ami, — reprit Ducormier. — Le prince, enchanté de mon idée, m'a pris à l'instant pour son secrétaire ; tu vois, Joseph, que j'étais ainsi forcé de manquer à ma parole envers Jérôme.

— Soit, — dit Joseph ; mais, au point de vue de ta vengeance, à quoi te servirait d'avoir accepté les offres de ce vieil infâme et de lui avoir demandé d'être son secrétaire ?

— D'abord, mon bon Joseph, en acceptant l'ignoble mission qu'il me proposait, j'empêchais le prince d'en charger une autre personne. Or, tu vois, malgré l'adorable pureté de ta femme, le chagrin que vous a déjà causé une tentative de corruption, si méprisée qu'elle ait été. Ce n'est pas tout : le prince est amoureux comme un grand seigneur riche et blasé, c'est-à-dire avec frénésie. Et malheureusement, mes amis, un grand seigneur comme lui ne se borne pas à être amoureux et à souffrir, il se croit tout permis envers de *petites gens* comme nous, il ne recule devant aucune méchante action, il risque tout, et le moindre danger de ces tentatives acharnées est de compromettre tôt ou tard la plus honnête femme du monde. Eh, mon Dieu ! oui, les misérables qui acceptent le rôle que je dois jouer, emploient tous les moyens, si odieux qu'ils soient. Ainsi, par d'affreuses calomnies, ils s'efforceront de perdre de réputation une femme dans son quartier, espérant ou avoir meilleur marché d'elle ou se venger de ses refus en la déshonorant d'avance.

— Assez, assez, Anatole, — reprit Fauveau en portant les deux mains à son visage. — La tête me tourne... J'ai comme des éblouissements... — Puis il s'écria d'une voix étouffée : — J'étais si heureux !

— Joseph, tu m'effraies, — reprit Maria, les larmes aux yeux. — Hélas ! mon Dieu, en quoi notre bonheur est-il donc menacé ? Est-ce que je ne t'aime pas toujours tendremen ?

— Si, si, Maria... tu m'aimes toujours... tu me le dis, je le crois.

—Joseph, ai-je donc besoin de te le dire... pour que tu me croies? — dit Maria ne pouvant plus contenir ses larmes. — Tu ne m'avais jamais parlé ainsi...

— Allons, pleure, pleure, — s'écria Fauveau avec emportement, —il ne me manque plus que cela pour m'achever...

— Non, non, je ne pleure plus, Joseph, — répondit Maria en essuyant ses yeux, — je ne pleurerai plus, puisque cela te contrarie.

Et pendant que sa femme restait absorbée dans un douloureux silence, Fauveau dit à

Ducormier d'une voix brève et saccadée :

— Mon ami... de ma vie... je n'oublierai ce que tu fais pour nous. Maintenant je comprends quel service tu nous as rendu en acceptant les propositions de cette vieille canaille, afin qu'il n'en charge pas un autre. Mais la vengeance, la vengeance! Sinon, quoi qu'il arrive, et malgré son âge, tonnerre de Dieu! je le pilerai sous mes pieds!...

— Calme-toi, Joseph, — reprit Ducormier, — j'arrive à notre vengeance. En demandant au prince une place de secrétaire qui me permît de vivre dans sa maison, j'avais un double but. Te rappelles-tu un domino noir avec qui je causais à l'Opéra, dans une loge, lorsque ta femme et toi êtes venus me retrouver?

— Oui, je m'en souviens.

— Eh bien! — reprit Ducormier, — le hasard... non, la Providence, la justice de Dieu, a voulu que ce domino qui, par désœuvrement, comme on dit, *intrigue*, fût la fille du prince, une duchesse, jeune, charmante, admirablement belle, mais insolente, mais hautaine comme toutes les femmes de sa race. — Et après une pause d'un instant, Ducormier reprit: — Oui, c'est une arrogante et grande dame. Pourtant, un jour... bientôt peut-être... je veux dire au prince: « J'ai paru vous servir, mais « c'était pour défendre mes amis contre vos « projets infâmes; je vous ai demandé à

« vivre sous votre toit, mais c'était pour
« séduire votre fille. Oui, mon prince. Vous
« avez voulu porter la honte et le malheur
« dans une maison de *gens de rien,* comme
« vous les appelez ; eh bien ! moi, mon
« prince, moi, *homme de rien,* j'ai porté la
« honte et le malheur dans votre maison de
« grand seigneur ! » Et cette révélation
« écrasante, sais-tu, Joseph, devant qui je
veux la faire à ce prince ?... devant toi,
devant ta femme, car il viendra ici pour
subir cet outrage. J'ai mon projet.

— Oh ! — s'écria Fauveau avec une
expression de joie farouche, — je l'avoue,
cela vaut encore mieux que de lui casser les
reins, à ce vieux brigand ! N'est-ce pas,
Maria ?

— Mon ami, — reprit timidement la jeune femme sans lever les yeux, — il me semble...

— Quoi ! Que te semble-t-il ?

— Cette jeune dame que M. Anatole veut séduire et déshonorer... elle est innocente des indignités de son père...

— Ah ! vraiment ? — reprit Joseph avec un sourire sardonique. — Tu as bon cœur ! tu es bien compatissante pour des gens qui veulent ton déshonneur et le mien !

— Joseph, laisse-moi t'expliquer ma pensée.

— Assez, — reprit durement Fauveau, — je n'ai pas besoin de ta permission pour me venger comme je l'entends. Cela ne regarde qu'Anatole et moi. Je t'aurais crue plus jalouse de notre honneur.

— Mon Dieu ! mon Dieu ! — murmura la pauvre femme en cachant sa figure dans son mouchoir, — c'est la première fois de sa vie qu'il me parle durement !

— Joseph, s'adressant à Ducormier, reprit :

— Cette vengeance me va, en attendant mieux.

— Tu comprends maintenant, mon bon Joseph, — reprit Anatole, — pourquoi je t'ai demandé ta parole de ne rien dire de tout ceci à Jérôme : il a ses idées, je les respecte, mais j'ai les miennes. Quand je lui parlais des dédains dont je souffrais depuis longtemps dans ce grand monde, il me disait, Joseph, et tu l'approuvais : Pourquoi subir ces dédains ? abandonne ce monde et oublie ses outrages !

— Dame ! — dit Fauveau, — entre nous, c'est un peu vrai.

— Oui, c'est vrai, au point de vue de Jérôme, au tien, Joseph, et c'est tout simple, vous ne connaissez pas les horribles tortures que j'ai endurées. Mais, à cette heure que tu ressens pour toi-même l'amertume de ces offenses, crois-tu, Joseph, qu'il soit possible de les oublier ?

— Les oublier ? jamais ! — s'écria Fauveau. — Oui, avant d'avoir eu ma part de ces outrages, je pensais comme Bonaquet ; mais maintenant que l'on m'a cruellement blessé dans mon bonheur, je conçois que l'on sacrifie tout à sa haine. Cela lui est bien facile, à Jérôme, qui n'a jamais souffert de pareille offense, de dire aux autres d'oublier les outrages !

— Et puis enfin, Jérôme a épousé une dame du grand monde, elle est même parente du prince, et par conséquent de sa fille la duchesse. Or, tu comprends, Joseph, que si Bonaquet connaissait nos projets, il ne les tairait pas à sa femme, et celle-ci, tout naturellement, par amour-propre de famille...

— N'aurait rien de plus chaud que de prévenir ce prince que l'enfer confonde! — reprit Fauveau. — Il te renverrait de chez lui.

— Et chargerait un autre que moi de ses poursuites contre ta femme. Or tu sais quels malheurs cela pourrait amener.

— Tiens, Anatole, je me ferais plutôt hacher en morceaux que de renoncer à nos projets. Non, non, Jérôme ne saura rien... je t'en ai donné ma parole, mon ami. — Et s'adressant à Maria d'un ton impérieux : — Tu entends, pas un mot de tout ceci à Jérôme ni à sa femme quand nous les reverrons.

— Pourtant, Joseph...

— Ah! tu prends le parti du prince! —

s'écria le malheureux, dont la jalousie commençait d'aigrir le cœur et d'obscurcir l'intelligence. — Ah! tu te ranges du côté de cette vieille canaille, qui voulait me déshonorer? c'est bon à savoir!

— Monsieur Anatole, — reprit Maria en sanglotant, — vous entendez Joseph, mon Dieu, vous l'entendez! Oser me dire que je prends le parti du prince contre lui!

— Pardonnez-lui, madame, la douleur l'égare; mais je pense comme Joseph qu'il serait indispensable à nos projets que ni Bonaquet ni sa femme n'en fussent instruits.

— Maria, — reprit Fauveau, — me promets-tu de garder le secret envers Bonaquet et sa femme?

— Mon ami...

— Réponds, me le promets-tu?... Tonnerre de Dieu! mais tu veux donc me rendre fou à la fin! N'est-ce pas assez du chagri que j'endure et dont tu es cause?

— Moi, mon Dieu, moi!

— Écoute, Maria, — reprit Fauveau d'un air sinistre et menaçant, — si tu ne me promets pas à l'instant, sur l'honneur, et je te connais, si tu me donnes ta parole, tu la tiendras; si tu ne me promets pas à l'instant de ne pas dire un mot de nos projets à Bonaquet et à sa femme, je vais chez le prince, que l'enfer confonde, et je l'étrangle! Choisis entre cette vengeance-là et celle que propose Anatole!

Maria, effrayée de la terrible résolution empreinte sur les traits de son mari et espérant conjurer quelque malheur, répondit d'une voix étouffée :

— Je te donne ma parole que je ne dirai pas un mot de tes projets ni à M. Bonaquet ni à sa dame.

A ce moment, la jeune servante, qui était restée au comptoir, entra et dit à Fauveau :

— Monsieur, il y a en bas une dame qui demande madame. C'est la femme de M. Bonaquet.

— Dites que ma femme est sortie, — reprit Fauveau avec impatience. — Allez !

— Mais, monsieur, j'ai répondu que madame était ici avec vous.

— Eh bien, dites que vous vous êtes trompée, que nous n'y sommes ni l'un ni l'autre.

— Joseph! — s'écria Maria d'une voix suppliante, — madame Bonaquet devinera que c'est un mensonge; elle s'en formalisera. Souviens-toi donc avec quelle bonté elle nous a accueillis.

— Elle se formalisera ou non, ça m'est égal, — répondit Fauveau. Puis, s'adressant à la servante en lui montrant la porte : — Et vous, obéissez.

La domestique disparut.

— Malgré sa brusquerie, Joseph a raison, madame, — dit Anatole à Maria qui fondait en larmes. — Vous voici tout éplorée... madame Bonaquet vous eût demandé la cause de votre chagrin, et ses questions vous auraient embarrassée. Allons, à bientôt, Joseph. Courage... espoir... nous serons vengés !

Ducormier ayant quitté Joseph Fauveau et sa femme, se rendit en hâte au Marais chez madame Duval.

IX

IX

Pendant qu'Anatole Ducormier se rendait chez madame Duval, la scène suivante se passait chez cette cliente du docteur Bonaquet.

La pauvre malade, pâle et affaiblie, était assise dans son lit; calme et presque souriante, elle écoutait avec intérêt la lecture d'une lettre que sa fille placée à son chevet lui lisait à haute voix. Cette lettre avait été trois jours auparavant apportée chez madame Duval, ainsi que de très beaux livres, par Anatole Ducormier, commission dont l'avait chargé mademoiselle Emma Levasseur, institutrice chez lord Wilmot, amie d'enfance de Clémence Duval.

Celle-ci ayant un instant suspendu sa lecture, dit à sa mère avec une touchante sollicitude :

— Mère chérie, je crains de trop fatiguer ton attention par cette lecture et de réveiller ainsi tes douleurs de tête.

— Non, mon enfant, ne crains rien, je ne me sens pas fatiguée du tout ; cette lettre d'Emma est charmante et me plaît beaucoup ; il est impossible de faire, je crois, un tableau plus fidèle de la société anglaise ; il y a çà et là quelques traits de malice sans méchanceté qui rendent cette lettre fort piquante.

— Aussi, l'autre jour, en la lisant toute seule avant ton malheureux accès, je sentais qu'elle t'intéresserait. Grâce à Dieu, aujourd'hui tu te trouves assez bien pour que je te puisse faire cette lecture ; mais vraiment, mère chérie, cela ne te fatigue pas ?

— Non, je t'assure.

— Tu n'as besoin de rien ? tu n'éprouves pas de malaise ?

— Aucun, je suis à merveille. Continue

donc, je te prie, mon enfant; les portraits tracés par Emma doivent être d'une ressemblance frappante.

— Elle a l'esprit si juste, si pénétrant, — reprit Clémence, qu'elle doit se tromper rarement dans ses jugements; son cœur est d'ailleurs trop excellent pour jamais subir l'influence de mauvaises prétentions.

— Aussi, ai-je toujours trouvé, moi, qu'il y avait, moralement parlant, une grande ressemblance entre toi et Emma.

— Ah! mère chérie, — reprit Clémence en souriant, — je ne t'aurais pas dit tout le bien que je pensais d'Emma si j'avais prévu cette flatterie, et comme tu pourrais bien ne pas t'arrêter là, je continue la lecture de la lettre de cette tendre amie.

Et Clémence lut ce qui suit :

« Après avoir tâché de te peindre, ma
« chère Clémence, les personnages les plus
« marquants de la société au milieu de la-
« quelle je vis, et le caractère un peu excen-
« trique de cette société, deux mots de re-
« connaissance et d'introduction en faveur
« de M. Ducormier, qui te remettra cette
« lettre pendant le court séjour qu'il doit
« faire à Paris avant de repartir pour Lon-
« dres : il me rapportera ainsi *oculairement*
« de tes nouvelles et de celles de ton excel-
« lente mère.

« Je suis heureusement si laide et si mal

« tournée, que je puis, par compensation,
« donner, sans me *compromettre,* des lettres
« de recommandation à de beaux jeunes
« gens. Je n'ai pas besoin de te dire que ce
« n'est pas à toi, mais à ta chère mère, que
« j'adresse M. Ducormier; elle me devra
« une véritable bonne fortune. Je te vois
« d'ici rire comme une folle, et c'est pour-
« tant la vérité que je dis : n'est-ce pas une
« bonne et surtout rare fortune de rencon-
« trer la modestie et la simplicité jointes au
« mérite le plus éminent, à demi-caché dans
« une humble condition (mon protégé est
« secrétaire particulier de M. l'ambassadeur
« de France, dont la femme est intimement
« liée avec lady Wilmot, mère de mes
« élèves)?

« Lors d'un séjour assez long que M. l'am-

« bassadeur de France et sa femme ont fait
« cet automne à la campagne, chez lady
« Wilmot, à *Wilmot-Castle*, j'ai beaucoup vu
« M. Ducormier, qui avait accompagné son
« patron. Toujours grâce à ma laideur et à
« ma tournure de l'autre monde, j'ai pu
« pendant deux mois vivre dans une sorte
« d'amicale intimité avec M. Ducormier, in-
« nocent plaisir qui m'eût été refusé si j'a-
« vais eu le malheur d'être, comme toi,
« chère Clémence, d'une beauté de... »

La jeune fille s'interrompit en rougissant
et dit à sa mère :

— Je passe le reste de la phrase par compassion pour l'aveuglement de cette pauvre
Emma....

— Passe... tant que tu voudras, — reprit madame Duval en souriant à son tour ; — heureusement ta beauté est ailleurs encore que dans la lettre de ton amie ; mais poursuis, mon enfant ; ce qu'elle dit de son protégé m'intéresse beaucoup, et certes, dès que j'irai mieux, je recevrai M. Ducormier, ne fût-ce que pour le remercier de l'empressement qu'il a mis l'autre nuit, m'as-tu dit, à t'offrir ses services lorsque tu es allée jusqu'à l'Opéra, pauvre enfant, pour chercher le docteur Bonaquet.

— En effet, M. Ducormier s'est montré dans cette triste occasion d'une parfaite obligeance...

Et la jeune fille continua ainsi la lettre de son amie :

« Ce qui contribuait à me rapprocher de
« M. Ducormier, était une certaine confor-
« mité de position subalterne : *car qu'est-ce*
« *qu'une institutrice et un secrétaire ?* Nous pro-
« fitions donc de l'espèce d'isolement que
« nous faisaient les habitudes exclusives du
« monde aristocratique où nous vivions,
« pour nous féliciter d'être ainsi délivrés
« d'une ennuyeuse contrainte ; c'est là que
« j'ai pu apprécier ce qu'il y avait de fonciè-
« rement bon, de généreux, d'élevé dans le
« cœur de M. Ducormier : tant d'autres à sa
« place se fussent aigris, eussent pris texte
« de cet isolement pour se révolter *contre*
« *la sotte fierté de ces grands seigneurs, de ces*
« *sots titrés dont le seul mérite est la naissance,*
« *etc., etc.,* et autres banalités envieuses ;
« point du tout, M. Ducormier acceptait

« comme moi l'honorable infériorité de sa
« condition avec une sérénité parfaite : il est
« de ceux que leur délicatesse et leur dignité
« personnelle élèvent toujours au-dessus
« des petits froissements d'amour-propre ;
« aussi me disait-il un jour, avec cette noble
« et douce résignation qui le caractérise,
« ces mots que je n'ai jamais oubliés :

« Tenez, mademoiselle Emma, je suis
« presque un enfant du peuple ; mon pauvre
« père était un petit boutiquier ; je gagne
« ma vie par mon travail, mais j'ai tellement
« conscience d'avoir toujours agi et pensé
« en homme de cœur, que je ne puis m'esti-
« mer au-dessous des plus grands personna-
« ges dont nous sommes entourés ; une fois
« que l'on se maintient à ce niveau d'*hono-*

« *rabilité,* on considère le monde d'un point
« de vue si élevé que les plus humbles et les
« plus hautes positions paraissent égales ;
« n'en est-il pas ainsi dans l'ordre physique ?
« Ayez le courage de gravir la cime d'une
« montagne escarpée, jetez alors les yeux
« au-dessous de vous ; distinguerez-vous au
« loin la moindre différence entre cet atome
« qu'on appelle palais et cet atome qu'on
« appelle chaumière ? Non, non, il n'est pas
« d'inégalité sensible pour l'homme de cœur
« qui s'élève et s'honore à ses propres
« yeux. »

— Cette image est noble et touchante, — dit madame Duval en interrompant sa fille ; — penser et agir ainsi, c'est faire preuve d'un noble caractère... Ne trouves-tu pas, mon enfant ?

— Certes, ma mère, il faut du cœur et du courage pour résister, dans une position pareille, à l'entraînement de l'envie ou au découragement, et, comme dit Emma, ainsi que tu le verras à la fin de sa lettre, on peut juger un homme d'après un pareil trait de caractère.

Au moment où madame Duval et sa fille s'entretenaient ainsi, Ducormier arrivait chez elles.

Il sonna.

Une servante vint lui ouvrir.

— Madame Duval? — demanda Anatole.

— Madame est malade et ne peut recevoir personne, — répondit la servante.

Puis, regardant plus attentivement Anatole, elle ajouta :

— Mais, si je ne me trompe, c'est monsieur qui est venu l'autre jour apporter des livres et une lettre pour mademoiselle?

— C'est moi-même. Madame Duval ne va donc pas mieux?

— Si, monsieur, il y a du mieux aujourd'hui.

— M. le docteur Bonaquet, son médecin, est-il venu ce matin?

— Oui, monsieur.

— Et savez-vous s'il reviendra dans la journée?

— Oh! non, monsieur; il a dit à mademoiselle, qui l'a reconduit, qu'il ne reviendrait plus que demain.

— Est-ce que vous avez assisté à la visite que M. le docteur Bonaquet a faite ce matin à madame Duval? — demanda Ducormier avec intention.

Et il ajouta :

— Pardon de cette question, mademoiselle, elle doit être excusée par l'intérêt que je porte à la santé de madame Duval.

— Oh! je comprends cela, monsieur; j'ai comme d'habitude, assisté à la visite de M. le docteur; il a dit à madame de ne pas s'inquiéter de la faiblesse où elle se trouvait;

qu'il répondait de tout maintenant, pourvu que madame se tranquillise.

— Jérôme n'a pas encore parlé de M. de Saint-Géran à madame Duval, — pensa Ducormier, qui venait ainsi d'apprendre ce qu'il voulait savoir ; puis il reprit tout haut, en remettant une carte à la servante : — Veuillez, je vous prie, remettre ceci à mademoiselle Duval, et lui demander si elle ne pourrait pas m'accorder seulement quelques instants d'entretien pour une affaire extrêmement importante que j'aurais désiré communiquer à madame Duval, si elle eût été en état de me recevoir.

— Très bien, Monsieur, — répondit la servante en faisant entrer Ducormier dans une petite antichambre; — je vais prévenir mademoiselle.

— Et dites-lui, je vous prie, — reprit Anatole, — qu'il s'agit de quelque chose de très grave et de très urgent.

— Oui, Monsieur, — répondit la servante, et elle laissa Ducormier seul.

— C'est étrange, — se dit-il, — ce mensonge m'est indispensable pour arriver à l'instant même auprès de madame Duval et de sa fille; pourtant j'éprouve comme un remords. Je n'ai jamais cru aux pressentiments, et il me semble qu'une main de glace me comprime le cœur. Bah! puérilité! faiblesse! Pourquoi cette hésitation? Parce que je vais réveiller un instant chez ces femmes une espérance insensée!... Allons, stupide. — Et après un moment de réflexion, Anatole ajouta :

— Ah! que j'ai sagement agi en dissimulant, seulement par habitude, et sans rien prévoir, mes véritables ressentiments aux yeux de l'amie de Clémence Duval! Combien cela va peut-être me servir, car la pauvre institutrice aura parlé de moi comme d'un saint! Aussi soit maudit le fatal entraînement qui, avant-hier, m'a conduit à ouvrir mon âme à Jérôme. Céder à ces fiévreux accès de franchise, c'est folie : montrer son cœur à nu, c'est ôter sa cuirasse; de sorte que, pendant un moment, je n'ai pu me défendre contre la pénétrante influence de mon austère censeur. Heureusement, le bon sens m'est revenu avec la réflexion...

Ces pensées d'Anatole furent interrompues par le retour de la servante, qui dit à Anatole :

— Monsieur, voulez-vous entrer au salon? vous y trouverez mademoiselle.

Anatole fut bientôt introduit auprès de Clémence.

Il l'avait à peine entrevue lors de sa rencontre avec elle sous le péristyle de l'Opéra; il resta un instant ébloui de cette suave et virginale beauté.

La jeune fille, avec un tact parfait, avait laissé entr'ouverte la porte de la chambre à coucher où se tenait alors sa mère, ne jugeant pas convenable d'avoir ainsi seule à seule un entretien avec un inconnu, bien qu'elle eût trouvé dans la lettre que son amie lui écrivait de Londres le plus flatteur éloge du caractère et de l'esprit de M. Ducormier.

Celui-ci, s'inclinant devant la jeune fille, lui dit :

— Excusez, Mademoiselle, l'insistance que j'ai mise à avoir l'honneur de vous voir ; mais il s'agit d'une chose tellement grave, que je me suis permis de vous demander un moment d'entretien. Je viens d'ailleurs d'apprendre avec joie que madame votre mère éprouve quelque mieux ; aussi je regrette moins mon importunité.

— En effet, Monsieur, l'état de ma mère s'est amélioré, grâce aux excellents soins du docteur Bonaquet, votre ami, car je n'ai pas oublié votre obligeance de l'autre nuit. Je saisis aussi, Monsieur, cette occasion de vous remercier des livres dont vous avez bien voulu vous charger pour moi, de la part de ma meilleure amie. Vous l'avez laissée à Londres, me dit-elle, en bonne santé, et très heureuse de son sort? Mais, pardon, Monsieur, vous avez, dites-vous, quelque chose d'important à nous apprendre?

— Oui, Mademoiselle ; seulement, je dois d'avance vous supplier de ne pas vous livrer à un espoir qui serait vain peut-être.

— Que voulez-vous dire, Monsieur?

— La tendresse filiale est aussi prompte à s'alarmer qu'à espérer.

— Mon Dieu! Monsieur, — dit Clémence avec inquiétude, — s'agirait-il de ma mère?

— Non, non, Mademoiselle.

— Mais alors, Monsieur, je ne comprends pas.

Puis tressaillant soudain, et devenant si émue, si tremblante, qu'elle put à peine parler. Clémence ajouta en joignant les mains, tandis que son ravissant visage peignait une anxiété à la fois douloureuse et ineffable :

— Monsieur... j'ose à peine croire... j'ai

mal compris peut-être... Est-ce qu'il s'agirait de...

— De monsieur votre père, Mademoiselle.

— Mon père ! — s'écria Clémence.

Cette exclamation fut si vive, si involontaire, que le bruit de cet éclat de voix arriva aux oreilles de madame Duval à travers la porte de sa chambre à coucher, laissée entr'ouverte. Appelant alors sa fille d'une voix inquiète, la malade lui dit :

— Clémence ! mon Dieu ! qu'y a-t-il ? viens auprès de moi.

Il se fit alors un profond silence, pendant lequel Anatole dit tout bas à Clémence :

— Je vous en conjure, Mademoiselle, prenez garde ! Si vague, si incertain que soit l'espoir que je viens vous apporter, il ne faut l'annoncer à madame votre mère qu'avec la plus grande précaution.

— Clémence, — reprit de nouveau madame Duval d'une voix plus haute, — tu ne me réponds pas ! Mon Dieu ! que se passe-t-il donc... Mon enfant, m'entends-tu ?

La jeune fille courut à la chambre de sa mère; les deux femmes échangèrent quelques paroles, puis au bout d'un instant Clémence, pâle, émue, revint au salon et dit à demi-voix à Anatole, en joignant ses deux mains d'un air suppliant :

— Monsieur, au nom de ce que j'ai de plus sacré au monde, la vie de ma mère! apprenez-lui avec les plus grands ménagements, ce que vous savez peut-être sur le sort de mon père... J'ai dit seulement à ma mère que vous aviez une communication très importante à nous faire...

— Ne craignez rien, Mademoiselle ; je sais toute la gravité, je n'ose dire tout le danger, d'une violente secousse dans l'état où se trouve madame votre mère.

Et Anatole Ducormier suivit Clémence dans la chambre de la malade.

X

X

Lorsque Ducormier entra chez madame Duval, celle-ci, lui montrant du geste un fauteuil en face de son lit, dit d'une voix émue, tandis que Clémence restait à son chevet :

— Veuillez, Monsieur, vous asseoir, et

nous apprendre quelle chose si grave vous avez à nous annoncer.

— Ce que j'ai à vous apprendre, Madame, est très grave en effet, et cependant il ne s'agit que d'un bruit, — reprit Ducormier, — d'un simple bruit, peut-être dénué de tout fondement, je me hâte de vous en prévenir... J'ai reçu ce matin une lettre de Londres... où elle m'avait été d'abord adressée par un de mes amis qui me croyait encore dans cette ville... Cet ami a depuis longtemps quitté la France, et... Mais, Madame, — ajouta Ducormier en s'interrompant, — permettez-moi d'insister de nouveau sur ceci : rien n'est moins certain que la nouvelle que me donne mon ami ; il l'a recueillie en voyage, et il n'entre même à ce sujet dans aucun détail... ignorant à quel point ce qu'il m'annonçait pouvait m'intéresser. Ainsi, Madame, n'accueillez les paroles suivantes qu'avec la plus extrême réserve ; il est malheureusement presque probable que mon ami n'est que l'écho d'un faux renseignement. Aussi, serais-je désolé d'éveiller chez vous de vaines espérances.

A mesure que Ducormier parlait, l'attention de madame Duval redoublait ; bientôt, grâce aux précautions dont Anatole entourait son exorde, elle entrevit, d'abord confusément, qu'il s'agissait d'une révélation qui pouvait lui causer un faux espoir contre lequel on voulait la prémunir ; puis, au bout de quelques instants de réflexion, elle en vint naturellement à supposer que cette nouvelle douteuse, recueillie durant un lointain voyage, devait avoir trait à la mort du colonel Duval. Cette pensée, grâce aux extrêmes ménagements d'Anatole, ne se présenta donc que graduellement et sans dangereuse secousse à l'esprit de la malade. Aussi répondit-elle à Ducormier d'une voix presque calme :

— Monsieur, un mot seulement ; dans quel pays voyageait votre ami ?

Clémence, craignant que la révélation fût encore trop brusque, dit vivement à Anatole, avec un accent et un geste d'inquiétude :

— Monsieur, prenez garde !

Et comme Ducormier, échangeant un regard d'intelligence avec la jeune fille, hésitait à répondre, madame Duval reprit d'une voix ferme :

— Monsieur, votre ami voyageait en Algérie, n'est-ce pas? Répondez-moi sans crainte.

Et s'adressant à sa fille :

— Rassure-toi, chère enfant ; monsieur a abordé ce sujet délicat avec tant de précaution et de sollicitude que je suis calme, tu le vois. Sois donc tranquille, je ne céderai pas à de folles espérances ; je sens trop bien que leur ruine me porterait un coup affreux. Ainsi, vous le voyez, monsieur, vous pouvez maintenant continuer en toute sécurité.

— Je le crois, je le vois, madame, — reprit Anatole, — et votre fermeté me soulage d'un poids cruel. Eh bien! oui, madame, mon ami voyageait en Algérie ; il a entendu dire, dans une tribu lointaine qu'il visitait sur les confins du désert, qu'un colonel français que l'on croyait mort, était, depuis longtemps, retenu prisonnier par des Arabes nomades, à la suite desquels il marchait.

Madame Duval, malgré sa résolution, ne put retenir les larmes de joie que lui causait une espérance vivement combattue cependant par un doute plein de sagesse.

Clémence s'aperçut de l'émotion de sa mère et lui dit sans pouvoir non plus contenir son attendrissement.

—Mère chérie... je t'en supplie... pas de funestes illusions... Il me faut autant de courage qu'à toi pour résister à un pareil espoir, car, hélas!.... il n'est pas nouveau pour nous!...

— C'est cela même qui doit te tranquilliser, mon enfant, et vous aussi, monsieur, car bien des fois ma fille et moi, sans preuves positives de la mort de mon mari, nous avions pensé qu'il pouvait être retenu prisonnier, mais, je l'avoue, nos suppositions n'avaient même pas pour base l'indice que vous nous donnez, et dont je reconnais pourtant avec vous toute l'incertitude...

— Rien de plus douteux, en effet, madame, car, j'ai l'honneur de vous le répéter, la lettre de mon ami n'entre dans aucun détail sur le fait ; il me le raconte seulement comme un bruit ; je n'y aurais moi-même attaché aucune importance, si plusieurs fois mademoiselle Emma Levasseur, et avant-hier encore mon excellent ami, le docteur Bonaquet, ne m'avaient parlé des doutes malheureusement peu vraisemblables qui restaient sur le sort du colonel Duval ; aussi, madame, ce matin, en recevant cette lettre, ma première pensée a été de vous informer avec toutes les précautions possibles de ce que je venais d'apprendre, puis d'écrire à l'instant à mon ami ; il doit, m'a-t-il dit, séjourner quelque temps à Alger ; je l'ai donc prié d'interroger scrupuleusement ses souvenirs, et surtout de m'instruire du nom et de la position géographique de la tribu où il a puisé ce renseignement, ce qui faciliterait peut-être les recherches.

— Ah! monsieur, — dit madame Duval avec l'accent de la plus profonde reconnaissance, — quoi qu'il arrive, et bien que je conserve peu d'espoir, je n'oublierai de ma vie combien vous vous êtes montré bon et prévenant pour moi dans cette circonstance...

— Mon Dieu, madame, — reprit Anatole d'un ton modeste et pénétré, — qui n'eût pas agi comme moi! Mon seul regret est de ne pouvoir faire davantage, et de me trouver dans une position tellement dépendante, qu'il m'est impossible de disposer de moi; sans cela...

— Sans cela, Monsieur? — dit madame Duval d'un air surpris et interrogatif.

— Sans la dépendance où je vis, Madame, — reprit Anatole avec une émotion contenue, — je vous aurais priée de me laisser jouir de l'un des plus grands bonheurs qu'il soit donné à l'homme de connaître ; mais ce beau rêve est impossible. Ah ! pour la première fois de ma vie, je regrette la richesse t la liberté qu'elle donne !

— En vérité, Monsieur, — dit madame Duval de plus en plus étonnée, — je ne vous comprends pas...

—N'est-il pas vrai, Madame, que beaucoup de personnes, et l'ami dont je vous parle est du nombre, vont visiter l'Algérie en curieux ou en artistes ?...

— Sans doute, Monsieur.

— Eh bien, Madame, imaginez un homme assez indépendant pour pouvoir entreprendre un pareil voyage, non dans le but de satisfaire ses goûts d'artiste ou sa curiosité de touriste, mais dans l'espoir de rendre peut-être à sa femme et à sa fille un des plus vaillants capitaines dont s'honore la France ! Ah ! Madame, — poursuivit Ducormier, dont les beaux traits semblaient rayonner d'enthousiasme, — quel bonheur de braver fatigues, privations, dangers, pour se vouer à une si sainte entreprise ! Quel plus noble emploi un homme riche et libre pourrait-il faire de son indépendance? Mais, hélas! le sort ne nous mesure pas également le pouvoir et le vouloir. Heureux, oh! bien heureux ceux-là à qui il est donné d'accomplir tout le bien qu'ils rêvent.

Il est impossible de peindre l'accent mélancolique et navrant d'Anatole en prononçant ces derniers mots; aussi madame Duval, non moins profondément touchée que sa fille de la généreuse pensée de Ducormier, s'écria :

— Ah! Monsieur, chez tout autre la noblesse de ces sentiments me surprendrait, mais j'ai lu ce matin une lettre que mademoiselle Emma Levasseur a écrite à ma fille, et je sais, Monsieur, ce que l'on peut attendre de vous.

— C'est aussi à mes fréquents entretiens avec mademoiselle Emma, sur vous et sur mademoiselle votre fille, que j'ai dû, Madame, le profond intérêt que je prends à ce qui vous touche si intimement ; mon seul regret est, je vous le répète, Madame, de me voir borné à des vœux, hélas ! aussi stériles que sincères.

— Des vœux appuyés de sentiments si généreux valent des actions, Monsieur, — reprit madame Duval de plus en plus sous le charme d'Anatole. — Et puis enfin, tout en nous gardant de chimériques espérances, la raison la plus sévère ne nous autorise-t-elle pas à essayer du moins de tirer parti du renseignement qui vous est parvenu ? Ne trouvez-vous pas, Monsieur, qu'il serait urgent d'en instruire un des anciens amis de mon mari, chef de division au ministère de la guerre pour les affaires de l'Algérie. Déjà plusieurs fois il m'a donné avis des tentatives, hélas ! jusqu'ici toujours vaines, que l'on a faites pour s'assurer du sort du colonel Duval.

— Cela serait, je crois, indispensable, Madame. Je vous enverrai ce soir la copie du passage de la lettre de mon ami où il est question du prisonnier français...

— Faites mieux que cela, Monsieur, — dit cordialement madame Duval à Anatole, —

soyez assez aimable pour nous apporter demain cette copie. Vous devez, nous a écrit Emma, rester peu de temps à Paris ; accordez-nous du moins quelques-uns de vos instants, si la société d'une pauvre valétudinaire et de sa fille ne vous effraie pas trop. Nous pourrons du moins vous témoigner plus à loisir notre reconnaissance.

— Il se peut, Madame, que mon séjour à Paris soit forcément prolongé ; mais je m'en féliciterai, puisque vous me permettez de venir quelquefois vous assurer de mon dévouement, et vous tenir au courant de ce que j'aurai appris par la prochaine lettre de mon ami.

— Votre obligeance est si affectueuse,

Monsieur, qu'elle me rend confiante jusqu'à l'indiscrétion… aussi j'oserai vous demander un nouveau service.

— De grâce, parlez, Madame.

— D'ici à quelque temps, je ne pourrai quitter ma chambre ; il me répugnerait beaucoup de voir ma pauvre Clémence se rendre en solliciteuse aux bureaux de la guerre, quoiqu'il s'agisse d'être reçue en audience par l'un des anciens amis de mon mari. D'un autre côté, les lettres souven s'égarent ou éprouvent des retards considérables dans les bureaux. S'il en était ainsi de la lettre que je compte écrire demain, jugez de mes inquiétudes.

— Il vaudrait beaucoup mieux, en effet,

Madame, que je visse la personne dont vous me parlez ; cela épargnerait une démarche à mademoiselle votre fille. Je porterais la lettre de mon ami à la personne en question, la suppliant de donner les ordres les plus prompts, afin d'activer de nouvelles recherches. Veuillez seulement, Madame, me donner un mot d'instruction ; je me chargerai de tout, et je viendrai vous rendre compte des résultats de nos efforts.

A cette nouvelle offre de service, madame Duval et sa fille se regardèrent, de plus en plus charmées de la cordiale obligeance d'Anatole. Aussi, après un moment de silence, la mère de Clémence s'adressant à Ducormier d'une voix émue :

— Je ne puis mieux, Monsieur, vous témoigner ma gratitude qu'en vous disant qu'à part le moment d'inévitable anxiété dont j'ai été saisie lorsqu'il s'est agi de mon mari, votre présence, vos généreuses paroles, votre sollicitude pour tout ce qui nous touche, me font un bien infini. Je me sentais mieux ce matin ; à cette heure je me sens mieux encore. Sans doute, si incertain qu'il soit, l'espoir qu'il m'est permis de concevoir, grâce à vous, est pour beaucoup dans ces heureux ressentiments ; mais enfin, Monsieur, tout cela vient de vous. A vous donc ma reconnaissance et celle de ma fille.

Un regard expressif de Clémence, timidement jeté sur Anatole, lui prouva qu'elle partageait les sentiments de sa mère.

— Ah! Madame, — reprit Ducormier, — fasse le ciel que vos espérances ne soient pas trompées! Rien ne manquerait alors au bonheur de votre famille, car je puis, je crois, vous complimenter sur le prochain mariage de mademoiselle votre fille.

— Le prochain mariage de ma fille! — s'écria madame Duval en se tournant vers Clémence.

Celle-ci parut non moins stupéfaite que sa mère, qui répéta :

— Le prochain mariage de ma fille, dites-vous, Monsieur?

— Oui, Madame, avec M. le comte de Saint-Géran.

— Le comte de Saint-Géran ! — reprit madame Duval, échangeant avec sa fille un nouveau regard de stupeur ; — c'est la première fois que nous entendons prononcer ce nom.

— Je puis pourtant vous assurer, Madame, qu'hier soir, chez M. le prince de Morsenne, auprès de qui je remplis momentanément les fonctions de secrétaire, on considérait comme conclu le mariage de M. le comte de Saint-Géran et de mademoiselle Duval.

— Après tout, ma mère, — dit Clémence en souriant, — cela n'a rien d'extraordinaire. Notre nom est commun à beaucoup de personnes ; de là sans doute l'erreur de M. Ducormier.

— Je vous demande pardon, Mademoiselle, j'ai entendu M. de Saint-Géran lui-même annoncer qu'il allait épouser mademoiselle Duval, fille du colonel d'artillerie de ce nom.

— En vérité, Monsieur, — reprit madame Duval abasourdie, — ce que vous me dites là me confond.

— Et je suis, je vous l'avoue, Madame, non moins confondu de votre surprise; car un de nos amis communs m'avait déjà parlé de ce mariage... vaguement... il est vrai...

— Un de nos amis communs ?

— Oui, Madame. Le docteur Bonaquet.

— M. Bonaquet ! Il connaissait ces bruits ? — demanda madame Duval.

— Nécessairement, Madame, puisque M. de Saint-Géran est le neveu de madame de Blainville, que notre ami vient d'épouser.

— En effet, M. Bonaquet nous a, hier, appris son mariage avec une dame de ce nom, — reprit madame Duval, — mais il n'a pas même prononcé le nom de M. de Saint-Géran.

— Ce que vous me dites, Madame, me surprend de plus en plus; car tout le monde assure que madame de Blainville, par une rare délicatesse, a, lors de son mariage avec notre ami, renoncé à ses grands biens en faveur de M. de Saint-Géran, *à la condition* (et Anatole appuya sur ces mots) qu'il épouserait mademoiselle Duval ; or, sachant, Madame, le vif intérêt que notre ami vous porte, ainsi qu'à Mademoiselle, j'ai cru cette union convenue entre vous et lui.

Clémence devint pourpre, et dit à madame Duval avec une pénible expression de honte et de douleur :

— Ah ! ma mère... je ne m'attendais pas à tant d'humiliation... Me supposer capable de consentir à un mariage dans lequel ma personne serait pour ainsi dire imposée !... Mais pourquoi — ajouta la jeune fille avec un sourire amer, — l'envie d'un titre et d'une grande fortune font-ils faire tant de bassesses !

Et deux larmes d'indignation coulèrent des yeux de la jeune fille.

— Mademoiselle... pardon... mille fois pardon, — reprit Anatole d'un ton pénétré, — je suis désolé de vous avoir involontairement affligée en répétant un bruit qui circulait dans le monde...

— Mais ce bruit est absurde, Monsieur, il est de toute fausseté, croyez-moi, je vous en conjure ! — reprit vivement madame Duval. — Certes, nous serons toujours très reconnaissantes des bons soins de M. Bonaquet, mais, en vérité, il a de singulières façons de s'intéresser aux gens! Il me semble que son premier devoir, avant de livrer le nom de ma fille aux commérages du monde, était de m'informer de ses projets...

— Sans doute, Madame, l'état de votre santé a jusqu'ici empêché M. Bonaquet de vous faire part de ses projets.

— Alors, Monsieur, il devait attendre, et ne point engager sans nous consulter la personne de ma fille. C'est agir avec une impardonnable légèreté!

— Pourquoi donc, ma mère? — reprit Clémence avec un redoublement d'amertume et d'ironie. — Ce magnifique mariage devait nous sembler si riche, si éblouissant, si inespéré, que M. Bonaquet, sûr de notre empressement à accepter un tel honneur, n'a pas seulement daigné nous consulter.

Et Clémence reprit avec abattement :

— Moi qui le croyais notre meilleur ami !... Être si mal connue, si mal jugée ! C'est cruel !

— De grâce, Mademoiselle, — reprit Anatole, — ne vous hâtez pas d'accuser notre ami ; quel que soit le motif qui l'a fait agir, il a cédé, j'en jurerais, à un excellent sentiment.

— Vous défendez votre ami, Monsieur, —

reprit madame Duval, — cela prouve la noblesse de votre cœur; mais moi qui sais ce que ma fille doit souffrir de cette humiliation, je ne puis partager votre indulgence.

— Croyez-moi, Madame, le seul tort de notre pauvre ami aura été de se laisser égarer par l'intérêt qu'il vous porte ; mais plus que personne je comprends la susceptibilité de mademoiselle votre fille... Un mariage conclu sous de tels auspices est rarement heureux. Dès qu'un homme a subi une condition, ou cru faire un sacrifice en épousant une femme, fût-elle aussi rarement douée que mademoiselle votre fille, tôt ou tard et presque malgré lui il la rend malheureuse.

— Et pourquoi donc aurait-on pitié d'elle,

Monsieur? — reprit vivement Clémence. — Ne mérite-t-elle pas aversion et mépris, la femme qui s'abaisserait à une telle union afin de satisfaire son orgueil ou sa cupidité?

Clémence fut interrompue par la servante, qui lui remit une lettre en disant :

— Mademoiselle, c'est une lettre qu'un cuirassier à cheval vient d'apporter ; j'ai été obligé de descendre chez le portier pour donner un reçu au nom de Madame. Cela vient du ministère de la guerre.

Et après avoir laissé l'enveloppe entre les mains de Clémence, la servante sortit.

— Une lettre du ministère de la guerre?

— dit madame Duval fort surprise en regardant sa fille. Cela ne peut être que de la part de M. Dufrénoy, l'ancien ami de ton père, dont je parlais tout à l'heure à M. Ducormier. En tout cas, vois ce que c'est, mon fant.

Clémence décacheta la lettre, et devint bientôt si pâle, si tremblante, que sa mère s'écria :

— Clémence, qu'y a-t-il ? Tu m'effraies !

Mais la jeune fille, se jetant éperdue au cou de sa mère, la couvrit de larmes et de baisers, en murmurant d'une voix entrecoupée :

— Mère chérie, du courage !

— Que dis-tu ?

— Oui, du courage, il en faut aussi pour supporter des joies trop vives.

— Des joies trop vives ! — reprit madame Duval en étreignant sa fille contre son sein. — Au nom du ciel, explique-toi !

Clémence, se dégageant des bras de sa mère, le visage radieux, les yeux humides, dit à Ducormier avec une expression de bonheur ineffable :

— Ah ! Monsieur, soyez béni ; c'est Dieu qui vous a envoyé vers nous !

— Clémence ! — s'écria madame Duval, — qu'y a-t-il ?

— Mère, mère! nous pouvons tout espérer.

— Espérer! — répéta madame Duval. — Grand Dieu! est-ce que cette lettre?...

— Mère, continua la jeune fille dans un ravissement inexprimable et d'une voix palpitante, — nous pouvons faire plus que d'espérer!

— Ah! mon Dieu! mon enfant... achève!

— Mère, l'ami de monsieur Ducormier avait été bien informé.

— Ton père!...

— Il vit, il est sauvé! Nous le reverrons bientôt. Tiens, lis, lis!...

—Et se jetant de nouveau au cou de sa mère, Clémence redoubla ses caresses ; puis sa tête appuyée sur l'épaule de la malade, elle lui tint devant les yeux le billet suivant, qu'elle relut à haute voix :

« Madame,

« Mon travail avec le ministre me retient
« ici toute la journée. Je vous écris ce mot
« en toute hâte pour vous annoncer une
« nouvelle inespérée, que je reçois à l'ins-
« tant : M. le colonel Duval a survécu ; il est
« prisonnier de la tribu des Ben-Souli. Au
« départ du courrier d'Afrique, on traitait
« de l'échange du colonel ; il est certain
« qu'avant un mois il sera libre.

« Ce soir ou demain, j'aurai l'honneur de

« vous voir pour vous donner tous les détails
« de cet évènement ; il me comble d'une joie
« que je n'ai pas besoin de vous exprimer.

« Votre dévoué serviteur,

« Dufrénoy. »

La foudre serait tombée aux pieds de Ducormier, qu'il n'aurait pas été plus stupéfait, plus épouvanté.

Ses prétendus renseignements sur le colonel Duval étaient un mensonge indigne, au moyen duquel il avait voulu s'introduire le jour même chez madame Duval, dans le but de se ménager ainsi des motifs de rapprochement et de relations pour l'avenir, et surtout dans l'espoir de ruiner d'avance les desseins du docteur Bonaquet à l'endroit du mariage de Clémence avec M. de Saint-Géran.

Cet odieux mensonge, un hasard incroyable, providentiel, le changeait en une réalité. Se rappelant le sinistre pressentiment dont il avait été saisi au moment de réveiller chez ces deux malheureuses femmes des espérances insensées, Anatole se dit :

—Mon pressentiment ne me trompait pas, il y a quelque chose de fatal dans cette circonstance. Cet homme qui semble sortir de sa tombe me sera funeste...

Madame Duval et sa fille étaient restées

silencieuses et embrassées après la lecture du billet.

Ducormier eut le temps de se remettre de sa stupeur passagère ; cette âme indomptable ne se laissait pas longtemps abattre ; aussi ses traits, qu'il savait composer avec tant d'art, exprimèrent un mélange de joie et de surprise parfaitement *en situation*, lorsque madame Duval lui dit en essuyant ses larmes et lui tendant la main avec effusion :

— Ah! monsieur, ma fille a raison... vous êtes notre bon ange... c'est Dieu qui vous a envoyé à nous. L'espoir que vous nous avez donné m'avait préparée à apprendre sans secousse cette nouvelle qui me rend au bonheur, à la vie ; oui, car je ne puis vous exprimer ce que j'éprouve : il me semble que la certitude de voir bientôt mon mari entre ma fille et moi renouvelle mon existence, qu'un sang nouveau circule dans mes veines. Enfin, j'ai la conscience de revivre, tandis qu'avant... je puis bien t'avouer cela, maintenant, ma pauvre chère enfant, — ajouta madame Duval en attirant encore Clémence contre son sein, — tandis qu'avant, chaque jour je me sentais mourir.

— Va, ne crains rien, — reprit la jeune fille avec un accent d'indicible confiance, — à cette heure je te défie de m'inquiéter sur toi...

— Madame, — dit Anatole d'une voix pénétrée, en portant une main à ses yeux comme pour contenir ses larmes, — mon émotion vous dira mieux que mes paroles ce que j'éprouve en ce moment.

— Je le crois, Monsieur, — reprit madame Duval attendrie, — un cœur comme le vôtre sait comprendre et partager les plus nobles ravissements de l'âme ; aussi, nous vous le demandons en grâce, venez souvent, très souvent nous voir, vous jouirez du moins de l'aspect d'un bonheur auquel vous avez si généreusement contribué ; puis vous nous conseillerez, vous nous guiderez sur bien des choses, car dans ce premier étourdissement de joie on est éblouie, enivrée, mais l'on ne songe à rien, l'on ne raisonne rien.

— Je suis trop honoré, madame, de la confiance que vous m'accordez pour ne pas tâcher d'y répondre de mon mieux, — reprit Anatole en se levant afin de prendre congé de madame Duval et de sa fille, qu'il voulait laisser à leur bonheur, et il ajouta avec un sourire de bonté charmante.

— Madame, les grandes félicités disposent à l'indulgence et au pardon, n'est-ce pas ?

— Oh ! sans doute, monsieur.

— Eh bien, au nom de cette joie que le ciel vous envoie, pardonnez à notre ami l'intérêt peut-être mal entendu, mais du moins sincère, qui l'a conduit à projeter le mariage dont je vous ai parlé.

—Oh! de grand cœur, monsieur, — dit Clémence, — et pourvu que M. Bonaquet ne nous parle jamais de cette malheureuse idée, nous oublierons qu'il l'a conçue. N'est-ce pas, mère chérie ?

— Certainement, mon enfant.

— Je crois, madame, reprit Anatole, — que notre ami vous fera cependant cette proposition. Sans doute, vous la refuserez.

— Oh! oui, — dit Clémence, — nous la refuserons, et de toutes nos forces.

— La seule grâce que je vous demande alors, madame, est de taire à notre ami que je vous avais instruit de ces bruits venus jusqu'à moi ; il m'attribuerait, je le crains, une part de la froideur que vous lui témoignerez peut-être malgré vous, et j'en serais, madame, au désespoir, car je suis lié avec Bonaquet depuis mon enfance, et c'est, je vous l'atteste, le meilleur cœur qu'il y ait au monde.

— Toujours généreux et bon ! — dit madame Duval touchée de la tendre affection qu'il témoignait pour Jérôme Bonaquet. — Eh bien ! soit, nous ne parlerons pas de vous ; nous respecterons la délicate susceptibilité de votre cœur. Si M. Bonaquet nous adresse son inconcevable proposition, nous la refuserons comme nous le devons ; mais nous ne paraîtrons pas avoir été prévenues qu'il devait nous la faire ; et d'ailleurs je ne sais si le bonheur qui me transporte change ma manière d'envisager les choses, mais je crois, comme vous, à cette heure, monsieur Ducormier, que ce pauvre docteur aura été ébloui à la seule pensée d'un pareil mariage. Son tort a été de croire que ma fille et moi nous partagerions cet éblouissement, et nous sommes, comme vous le dites, si heureuses, que nous pardonnerons de tout cœur. N'est-ce pas, mon enfant?

— Oh! oui, ma mère.... Et puis si nous tenions rigueur à M. Bonaquet, cela ferait grand chagrin à M. Ducormier.

— Merci, merci, mademoiselle, — dit Anatole avec effusion. — Hélas! les amis comme Bonaquet sont rares.... et grâce à vous, notre tendre affection restera ce qu'elle a toujours été...

— A bientôt..... à demain, n'est-ce pas monsieur Ducormier?— dit madame Duval. — Vous nous trouverez plus raisonnables, plus remises de notre émotion.

— A demain, madame, — dit Anatole en s'inclinant avec respect, et il quitta la chambre de la malade.

A peine fut-il sorti que madame Duval dit à sa fille :

— Quel noble et excellent cœur! quelle âme sensible et délicate! Comme toutes ces généreuses qualités se lisent sur sa charmante figure !

— Emma ne se trompait donc pas trop, mère chérie, — dit Clémence en souriant, — en me disant qu'elle te ménageait une véritable bonne fortune en te recommandant M. Ducormier.

— Et conçoit-on ce fou de docteur Bonaquet! — ajouta étourdiment madame Duval. — Puisqu'il était si possédé de la rage de te marier, que ne pensait-il du moins à un mari comme M. Ducormier! n'est-ce pas, mon enfant?

Clémence regarda sa mère en rougissant, puis elle baissa les yeux et répondit avec un demi-sourire :

— C'est que, vois-tu, mère chérie, les

hommes de cœur comme M. Ducormier sont, je crois, fort rares à rencontrer.

. . . .

Nous laissons le lecteur s'imaginer les délicieux épanchements de la mère et de la fille, lorsque seule à seule elles s'entretinrent de la prochaine délivrance du colonel Duval.

. . . .

FIN DU TROISIÈME VOLUME.

Sceaux, impr. de E. Dépée.

Chez les mêmes Éditeurs.

ROMANS
D'ALEXANDRE DUMAS.

LE
COMTE DE MONTE-CRISTO,
Deuxième Édition,
12 volumes in-8°. — Prix : 60 francs.

LES
TROIS MOUSQUETAIRES,
Deuxième Édition,
8 volumes in-8°. — Prix : 40 francs.

VINGT ANS APRÈS,
suite
DES TROIS MOUSQUETAIRES,
Deuxième Édition,
8 volumes in-8°. — Prix : 40 francs.

LA REINE MARGOT,
Deuxième Édition,
6 volumes in-8°. — Prix : 30 francs.

LE VICOMTE DE BRAGELONNE,
complément
DES TROIS MOUSQUETAIRES ET DE VINGT ANS APRÈS,
26 volumes in-8°. — Prix : 156 francs.

Paris. — Imprimerie de madame veuve Dondey-Dupré, 46, rue Saint-Louis, au Marais.

www.ingramcontent.com/pod-product-compliance
Lightning Source LLC
Chambersburg PA
CBHW072010150426
43194CB00008B/1054